スタディサプリ講師

肘井学

JN022107

話すための
英文法
ハック
100

KADOKAWA

　本書では、英文法をHackするという目的で、**100に渡る英文法の謎を面白いように解き明かしていきます。**

　Hackとは、ハッキングと日本語にあるように、元々はコンピューターに不正アクセスして、情報を勝手に引き出す行為を言います。そこから派生して、**lifehack**のように、**高い技術力や豊富な知識で、そのものを分析して、それを改良したり、効果を検証したりする行為**を広く指すようになりました。

　昔から多くの人たちを魅了してきた英文法を**Hack**することで、ネイティブに見えている世界が、自分たちにも見えてきます。そうすることで、決まりだからと説明されてきた無味乾燥な英文法に命が吹き込まれたように映ります。

　本書では、英文法の存在する理由、それが成立した背景、複数の説が存在する場合は、有力説から少数説まで、かみ砕いて説明していきます。そうして、従来は平面的だった英文法の世界を、立体的に構築していきます。

　本書をすべて読み終えた暁には、読者の皆様は英文法**Hacker**となり、ネイティブが無意識に使っている英文法を、自由自在に操ることができるようになります。ある意味で、英語ネイティブ以上に、英文法に精通できるようになります。

　一冊読み終えた後に、自分が英文法**Hacker**に変身できる姿を楽しみに、本書を読み進めてください。

肘井 学（ヒジイ ガク）

Contents

Download

音声ダウンロードについて

音声ファイルは、以下からダウンロードして聞くことができます。

https://www.kadokawa.co.jp/
product/322005000674

ID/eibunpou　　Password/sp-hack100

● ダウンロードはパソコンからのみとなります。携帯電話・スマートフォンからはダウンロードできません。
● スマートフォンに対応した再生方法もご用意しています。詳細は上記URLへアクセスの上ご確認ください（※ご使用の機種によっては、ご利用いただけない可能性もございます。あらかじめご了承ください）。
● 音声はmp3形式で保存されています。お聞きいただくにはmp3ファイルを再生できる環境が必要です。
● ダウンロードページへのアクセスがうまくいかない場合は、お使いのブラウザが最新であるかどうかをご確認ください。また、ダウンロードする前にパソコンに十分な空き容量があることをご確認ください。
● フォルダは圧縮されていますので、解凍したうえでご利用ください。
● 音声はパソコンでの再生を推奨します。一部ポータブルプレイヤーにデータを転送できない場合もございます。あらかじめご了承ください。
● なお、本サービスは予告なく終了する場合がございます。あらかじめご了承ください。

PART | 1

時制を
Hackする！

現在形でなぜ未来のことが表せるか?

英文法の学習を進めていると、現在形が表せるものの中に、現在の習慣、現在の状態などにまじって、【確定未来】という用語が登場します。下の例文をご覧ください。

例文1

The train bound for Osaka leaves at nine.
大阪行きの電車は9時に出発します。

現在形が現在の習慣や現在の状態を表すのは理解できますが、なぜ【確定未来】という未来の内容が出てくるのでしょうか。この謎を解くには、現在形の正しい理解が必要です。

例文2

I walk to work every day.
私は毎日職場まで歩いて行く。

例文3

I like taking pictures.
私は写真を撮ることが好きです。

例文4

The sun rises in the east.
太陽は東から昇る。

例文2 は現在の習慣を表し、**毎日、毎朝やること**です。「毎日職場まで歩いて行く」、「毎朝公園を散歩する」といったときに現在形を使います。**work**は「仕事場」という名詞です。続いて、**例文3** は現在の状態を表し、例えば**職業、住所、趣味**などを表すときに使います。**例文4** は**不変の真理**で、**いつの時代も変わらない事実**のことです。

「太陽は東から昇る」、「水は100度で沸騰する」、「地球は太陽の周りを回る」といったとき に現在形を使います。**例文2**～**例文4**の現在形の用例を見ると、現在形の本質が見えてき ます。現在形とは、日本語の「現在」や「今」だけではなく、**過去や未来に渡って、変わ らず安定している行動・状態・真理**を指すものです。**例文2**でも、昨日も今日も明日も、 安定して職場に通います。**例文3**でも、昨日も今日も明日も写真を取ることが好きなはず です。**例文4**でも、太陽は昨日も今日も明日も東から昇ります。こうした**安定して変わら ないものを表す**のに、**現在形を使う**のです。

　すると、【確定未来】という、現在形で未来を表せるという謎のルールも説明がつくは ずです。左ページの**例文1**をご覧ください。**大阪行きの電車は、昨日も今日も明日も安定 して変わることなく9時に大阪に向けて出発します。**【確定未来】だから現在形を使うので はなく、**現在形が過去や未来に渡って、変わらず安定している様子を表す**のが、現在形で 未来を表すことができる理由でした。次の例文もご覧ください。

例文 5

The next holiday falls on Monday.
次の祝日は、月曜日にあたります。

　次の祝日が月曜日にあたるという事実が、変わらず安定している様子が伝わって来るで しょう。繰り返しますが、現在形は**過去や未来に渡って、変わらず安定している様子**がわ かれば、現在形のすべての用法がストンと腑に落ちることでしょう。

HACK
01

現在形でなぜ未来のことが表せるか?

Answer 未来のことでも「変わらず安定している」 なら現在形で表せるから!

現在進行形で
なぜ未来のことが表せるか?

HACK01で、現在形で未来のことを表せることを学びましたが、現在進行形でも未来を表すことができます。本来現在進行形とは、「〜している最中」と現在ある動作が進行中であることを示す用法ですが、それがなぜ未来のことを表せるのでしょうか。

例文	**I am leaving** for Sapporo tomorrow morning. 明日の朝札幌に出発します。

例文の時制は、**tomorrow morning**より「明日の朝」と未来の内容ですが、動詞は現在進行形を使っています。なぜこのような表現が可能なのでしょうか。

● その準備が進行中のときに現在進行形で未来を表せる

なぜ現在進行形で未来のことを表せるのかというと、**それは話し手の中で、明日の朝に旅行に出発することがすでに進行中だからです。なぜ進行中と言えるかというと、明日の旅行のための準備をすでに始めているからです**。例えばその準備とは、**手帳やスケジュール帳にその予定を記入する**だけで構いません。あるいは、**その旅行のためにチケットを手配する、飛行機や宿の手配をする、荷物の準備をする**などといったことをしていれば、もう完全に旅行への行動が進行中と言えます。

他にも、**I'm moving next month.**「私は来月引っ越す予定です」としても、**新しい物件を探す、引っ越し業者の手配、荷造りの準備などをしていれば**、引っ越しが進行中と言えますね。

現在進行形でなぜ未来のことが表せるか?

Answer 準備を始めることで、
その行為が進行中と言えるから!!

通常進行形にしない love を
なぜ I'm loving it. とできるか?

進行形にはできない動詞があるというのも、英文法の学習を進めていると、時制の項目でぶつかる少し難解なルールです。下の例文をご覧ください。

例文1

I know his father very well.
私は彼の父をとてもよく知っている。

例文2

She resembles her sister.
彼女は姉に似ている。

進行形は「〜している最中」という意味から、「〜している**最中でまだ終わっていない**」というニュアンスがあります。ここから、**進行形にできない動詞の本質**が見えてきます。「まだ終わっていない」の言葉からもわかるように、**進行形は必ずその終わりがあるものにしか使用しません**。ですから、**やめようと思ってもすぐには終えられないものは進行形にはできない**のです。 例文1 のknow「知っている」や 例文2 のresemble「似ている」という状態は、**やめようと思っても**すぐには**終えられない**ので、終わりが必要な進行形には通常しません。

通常進行形にはしない動詞

● 状態動詞(resemble「似ている」／belong to「所属している」／
live「住んでいる」など)

● 心理を表す動詞(love／know／believeなど)

● 感覚動詞(see／hear／feelなど)

▶ やめようと思ってもすぐにやめられないものは進行形にできない!

一方で、次のような英文も存在します。

例文3
I am living in Sapporo.
私は一時的に札幌に住んでいる。

例文4
She is resembling her sister more and more.
彼女はますます姉に似てきている。

例文3のlive「住んでいる」は状態動詞です。「住む」というと、たいていは一定以上の期間そこで暮らすことを意味します。一方で**一年間だけの単身赴任**や、**家を建てるまでの仮住まい**などのように、一時的な生活を送る可能性もあります。**例文3**の英文は、まさにそういった**一時的な状態**を意味していると考えられます。

一方で、**例文4**のresemble「似ている」も通常進行形では使わない状態動詞の代表例です。しかし、**変化の途中を表す場合**には、使用可能になります。**似ているという状態が、ますます増している様子を表すとき**は、例外的に進行形で使用できます。次の例文もご覧ください。

例文5
He is being kind.
彼は一時的に親切だ。

例文6
I'm loving it.
今それにはまっている。

通常は進行形で用いない動詞も、例外的に【一時的な状態を強調する場合】と【変化の途中を表す場合】には、進行形にできると学びました。**例文5**は、一時性を強調する場合で、今だけ一時的に親切だというのだから、例えば普段は嫌な人だけど、**上司の前だけ良**

い人ぶっているとか、**女性の前だけ良い人ぶっている**というシーンが想像できるはずです。

　一方で、**例文6**の**I'm loving it.**は、McDonald'sのCMで有名なフレーズですが、**love**という通常進行形では用いない動詞が進行形で使われています。**【一時的な状態を強調する場合】**としては、今好きなだけで、少しすると飽きてしまうようなマイナスのイメージになりかねません。一方で、**【変化の途中を表す場合】**ととらえれば、**大好きだという状態が、ますます増している様子を表す**ことが可能になります。すると、「**ますます好きになっている**」ということから、「**今はまっている**」とか「**今夢中になっている**」と解釈することが可能になります。

通常進行形にしないloveをなぜI'm loving it.とできるか？

Answer　通常進行形にしない動詞も、
【変化の途中を表す場合】はI'm loving it.
「今はまっている」と進行形にできる！

過去形でなぜ
丁寧さを表せるか？

過去形を使うことで、丁寧さを伝えられるというルールです。まずは次の英語を青字に着目して、日本語に訳してみてください。

> **Q.** 次の文を日本語に訳しなさい。
> ## Could you tell me the way to the station?

couldに少し戸惑ったかもしれませんが、正解は「駅への道のりを教えていただけますか？」です。日本語を見てわかるように、**何ら過去の意味を表してはいません**。この文からわかる通り、**could**は確かにcanの過去形ですが、英語の過去形には単に昔のことを表すこと以外にも、用法があることがわかります。結論から言うと、このcouldは、**丁寧さを表す過去形の用法**になります。では、なぜ過去形で丁寧さを伝えられるのか、英文法の謎に迫っていきます。まずは、過去形＝「昔のこと」という考えを改めてみましょう。

● 過去形は、距離感を作り出す！

過去形とは、距離感を作り出すものだと思ってください。この距離感からすべての用法がつながっていきます。過去形は確かに、昔のことを表しますが、これも現在との距離感を作り出すことで、昔のことを表しているのです。例えば、次の文をご覧ください。

I often played basketball when I was in high school.
私は高校生のころよくバスケットボールをした。

●『現在との距離』を作る過去形が昔のことを表す

when I was in high schoolとあるように、高校生のころバスケットボールをよくしてい

たとあるだけで、ここでの過去形は、**現在と距離感を作って、今はバスケットボールをや**
っていないことがわかります。

　では、冒頭の**Could you tell me ~?**の文に戻りましょう。この文は、**could**に着目します。
確かに、**can**の過去形ではありますが、正解の日本語に過去の意味は表れていません。で
は一体この**could**は何を意味するのでしょうか？　この過去形は「**相手との距離感**」を作
り出しています。

●「相手との距離感」を作り出す過去形で丁寧さを伝えられる

　見ず知らずの人に近い距離で馴れ馴れしく話されると、少し失礼に感じたことはありま
せんか？　英語の現在形がまさにそのイメージで、**can**を使っても間違いではないですが、
少し馴れ馴れしいイメージを与えてしまいます。

　そこで**could**の登場です。過去形を使い「**相手との距離感**」を作ることで、丁寧なイメ
ージを伝えることが可能になります。初対面や頼みごとをするような場面では、過去形を
使って、丁寧さを伝えた方がふさわしいことがあります。依頼したいことを伝えるという
観点だけでは、**Can you tell me ~?**で十分なのですが、**Could you tell me ~?**とすることで
丁寧さを伝えて、一段上の英語を表現してみましょう。これがわかると、同じ「～したい」
でも、**want to do**より**would like to do**の方が、より丁寧になることがわかるでしょう。

> 例文
> **2**
> # I would like to sit here.
> ここに座りたいのですが。

過去形でなぜ丁寧さを表せるか？

Answer 過去形を使うことで、「相手との距離感」を
作り丁寧さを伝えることができるから！

進行形でなぜ
丁寧さを表せるか?

　HACK04で、過去形で丁寧さを伝えられると学びましたが、実は進行形でも丁寧さを伝えることは可能です。次の問題をご覧ください。

> **Q.** 次の英文を、丁寧な順番になるように並び替えなさい。
>
> **❶** I wonder if you could wait a moment.
> **❷** I am wondering if you could wait a moment.
> **❸** I was wondering if you could wait a moment.

　正解は、下に行くにしたがって、より、丁寧な表現になります。

● wonder if はちょっとした疑問を伝える表現

　wonder ifは、私が高校生のころは、「〜かしら」という訳が無理やりあてはめられていました。女性が使うような言葉遣いに違和感を覚えていましたが、元々はwonder「疑問に思う」＋名詞節で使うif「〜かどうか」なので、「〜かどうか疑問に思う」というちょっとした疑問を伝える表現です。そこから転じて、「やってくれるかなあ」という丁寧な依頼表現になります。

● 進行形でも丁寧さを伝えられる

　続いて、先の問題の❶I wonder if 〜.を、少し丁寧にしたのが❷のI am wondering if 〜.になります。**進行形でも丁寧さを伝えられる**のです。では、なぜ進行形で丁寧さを伝えられるのでしょうか。HACK03で紹介したように、進行形は**「〜している最中」**の意味で、

必ず終わりがあるものに使います。そこから、**今のお願いは一時的なものですぐに終わります！** というニュアンスを込められるのです。ずっとお願いが続くと嫌なものですが、**進行形で一時的なお願いですと伝えることで、丁寧さが生まれるのです。**

● 動詞の過去形でも丁寧さを伝えられる

前のテーマで説明した通り、助動詞の過去形**could**は丁寧さを表すことができます。それに加えて、動詞の過去形も丁寧さを伝えられます。I am wondering if you could wait a moment.「少々お待ちいただけますか」を過去形にして、**I was wondering if you could ~.** とすることで、**相手との距離が生まれて丁寧な表現になります。**

最後に、問題を整理すると、❶のI wonder if you could wait a moment.「ちょっとお待ちいただけますか」を、**進行形を使って一時的なお願いとして少し丁寧にしたのが、❷ I am wondering if you could wait a moment.** です。❷を、**過去形を使って相手と距離を取ってさらに丁寧にしたのが、❸のI was wondering if you could wait a moment.** です。進行形にするより、過去形にした方がより丁寧な表現であることがわかります。せっかくですから、礼儀を通したい人には、**I was wondering if ~.** を使ってみると良いでしょう。

進行形でなぜ丁寧さを表せるか？

Answer　進行形を使うことで今だけの
一時的なお願いと伝えられるから！

進行形でなぜ非難の意味を表せるか?

次の文をご覧ください。

例文
1

He is always watching television.
彼はいつもテレビを見てばかりいる。

例文1 では進行形が使われています。進行形と言えば「〜している最中」の意味であるにもかかわらず、このようなbe always doingの表現は、非難の意味を込められると言われます。では、なぜ進行形を使うことで、非難の意味を込められるのでしょうか。順を追って、見ていきます。

● 進行形で反復の意味を表せる

例えば、Who is tapping on the door?「誰がドアを叩いているのか?」という疑問文での進行形は何を意味しているのでしょうか。tap「叩く」というような瞬間的に動作が終わる動詞を進行形にすると、数回その行為を繰り返しているという反復の意味を表すことができます。他にも、hit「打つ」、jump「ジャンプする」、nod「うなずく」という動詞の進行形も反復を表すことができます。

● 反復の意味から非難の意味へと広がる!

そして、この進行形の反復の意味が、上の非難の意味に広がっていきます。上の例文でも、He is watching television.だと、単なる「テレビを見ている最中だ」ですが、進行形で反復の意味を込められるので、alwaysなどの副詞を伴って、「彼はいつもテレビを見てばかりいる」という非難の意味を表すことができるようになります。このように、進行形に非難の意味を込める場合は、たいていはconstantly「絶えず」、always「いつも」など

の副詞を伴います。一方で、次のような文もあります。

例文 2

You are always thinking about other people.
あなたはいつも人のことばかり考えているね。

例文2 は確かに、人のことばかり考えていないで、自分のことを考えろ！という非難の文脈もありうるとは思いますが、たいていは相手を褒める**賞賛**の文脈で使われるでしょう。

● 進行形で賞賛の意味も込められる

要するに、進行形で非難の意味を込められるとは、正確には**進行形に非難や賞賛などの感情を込められる**という表現が正しいでしょう。非難の例が多いようですが、非難になるか賞賛になるかは前後の文脈次第で決定されるということです。進行形の反復の意味から、マイナスの行為を指して「いつも〜してばかりいる」なら非難の意味になり、プラスの行為に対して「いつも〜してばかりいる」なら、賞賛の意味になるということです。

HACK 06

進行形でなぜ非難の意味を表せるか？

Answer 進行形の持つ反復の意味から、プラスの行為なら賞賛、マイナスの行為なら非難の意味に広がるから！

Some flowers are dying. は 「枯れた」or「枯れていない」?

　タイトルにあるように、Some flowers are dying.というと、「枯れた」のでしょうか、「まだ枯れていない」のでしょうか。まず、are dyingはdie「死ぬ」の現在進行形ですが、花に対して「死んでいる」はおかしいはずです。花に対しては、「枯れている」と訳しましょう。とは言え、「枯れている」と訳すのもおかしいです。「枯れている」の場合は、Some flowers are dead.とか、Some flowers are withered.とします。

● 完結を意味する動詞の進行形は「〜しかけている」と訳す

　die「枯れる」のような**完結を意味する動詞の進行形**は「**〜しかけている**」と訳すので、**be dying**は「**枯れかけている**」と訳します。完全に「枯れている」わけではないものの、「枯れる」という終わりに向かう途中なので、「**枯れかけている**」と訳すのです。すると、**HACK07**の英文は、「まだ完全には枯れていない」状態です。次の例文に進みます。どう訳したらいいかを考えてみてください。

例文
1

Someone is drowning in the sea.

　英語のdrownと日本語の「溺れる」には、少し意味のギャップがあります。英語のdrownは「溺れ死ぬ」ですが、日本語の「溺れる」は生死を明らかにしていません。それゆえ、日本語の「**溺れる**」に相当する英語は、**be drowning**と進行形にするか、**almost drown**と表現します。よって、例文の訳は、「誰かが海で**溺れ死にかけている**」＝「誰かが海で**溺れている**」とするのが正解です。drownも「溺れ死ぬ」と**完結を意味する動詞の進行形**なので、**be drowning**は、「**溺れている**」と訳しましょう。次の例文に進みます。どう訳したらいいかを考えてみてください。

例文 2 The taxi is stopping in front of me.

● 一瞬でその動作が終わる動詞の進行形も「〜しかけている」と訳す

「タクシーが私の前で止まっている」ではおかしいはずです。その場合は、**The taxi is standing in front of me.** となるはずです。**stop** 「止まる」は**一瞬でその動作が終わる動詞**なので、**be stopping** の場合は、「**止まりかけている**」と訳します。よって、例文2 は、「タクシーは私の前で止まりかけている」と訳します。最後の例文です。

例文 3 Our plane is taking off.

「私たちの飛行機は離陸している」がおかしい訳なのはわかるでしょうか。実際に、まだ離陸はしていません。**take off** 「離陸する」も、**一瞬でその動作が終わる動詞**なので、**be taking off** の場合は、「離陸しかけている」と訳します。実際には意訳して、例文3 は「**私たちの飛行機は離陸しかけています**」=「**まもなく飛行機は離陸します**」と訳してみましょう。

HACK 07

Some flowers are dying. は
「枯れた」or「枯れていない」?

Answer die「枯れる」のような完結を意味する
動詞の進行形は「〜しかけている」
と訳すので、「枯れかけている」、
すなわち「枯れていない」が正解。

『完了』形なのに、なぜ『継続』用法があるか?

　英語学習の初期に、現在完了形を学んだ人は多かったのではないかと思います。私も当時はぼーっとしていたのでこんな疑問すら浮かびませんでしたが、よく考えてみると『完了』形なのになぜ『継続』用法があるのかと思いませんか。『完了』とは「何かをやり終える」ことを意味するのに、『継続』とは「何かが続いている」ことを意味します。一見、明らかに矛盾する現象ですが、なぜこういったことが起きるのかを見ていきます。

● 現在『完了』形という言葉から離れる

　この問題は、実は英語のthe present perfectにそのまま日本語をあてがって、「現在完了」と訳してしまったことが原因です。確かに、『完了』用法もあるので、『完了』という言葉は一理あるのですが、一面的といわざるをえません。現在完了形の例文を見ていきます。

> **例文1**
>
> **I have just finished my homework.**
> ちょうど宿題を終えたところだ。

　これは現在完了の中でも、『完了用法』といわれるもので、まさに「何かをやり終えて今に至る」といった感じです。次に進みます。

> **例文2**
>
> **He has gone to Sapporo.**
> 彼は札幌に行ってしまった。

　これは『完了用法』と近い用法ですが、『結果用法』といわれるものです。**過去の出来事が、現在に何らかの結果を残している**ことを表すといわれています。例文で言うと、「彼は札幌に行ってしまった（だから今ここにいない）」といった感じです。次の例文に進みます。

例文	
3	**I have been to Hawaii many times.** 今までにハワイに何回も行ったことがある。

これは『経験用法』といわれるものです。『経験』という言葉からわかる通り、「**過去から今までに何かをしたことがある**」ということを表す用法です。最後の例文です。

例文	
4	**I have lived in Tokyo for ten years.** 私は10年前から東京で暮らしている。

これが『継続用法』で、**過去から今まで何かをし続けている**ということを表す用法です。例文では、「10年前から今まで東京で暮らしている」といった内容です。**例文1**〜**例文4**までをまとめると、現在完了形の本当の姿が見えてきませんか？　**例文1**は、「**ちょっと前に宿題を終えて今に至る**」、**例文2**は「**すでに札幌に行ってしまって今はいない**」、**例文3**は「**過去から今までにハワイに何回も行ったことがある**」、**例文4**は「**10年前から今まで東京で暮らしている**」です。そう、すべて「**過去に起きたことが現在に影響を与える**」内容であることがわかりますね。図にするとこんな感じです。

現在完了形のイメージ

過去　━━━━━━━━━━━━━━━━━━━━━━━　現在

HACK 08

『完了』形なのに、なぜ『継続』用法があるか？

 Answer

現在完了形の本質は、
『完了』ではなくて、過去に起きたことが
現在に影響を与えることだから。

完了進行形をいつ使うか？

HACK
09

進行形だけで、現在進行形、過去進行形、未来進行形と3種類あります。それに加えて、完了形は現在完了形、過去完了形、未来完了形と3種類あります。各用法だけでも非常にややこしいのに、今度は進行形と完了形を合わせた完了進行形が登場します。こうなると何がなんだかというところですが、順を追って整理していきましょう。

● 完了形の継続用法では、通常進行形にする

HACK08では、『完了』形にもかかわらず、『継続』用法とはどういうことかを説明しました。そもそもの完了形の世界が、『完了』という言葉以上にもっと広いものだということでした。さらに説明を加えると、実は完了形の『継続用法』では、「継続中」＝「進行中」であることから、完了進行形を使うのが普通なのです。以下の例文をご覧ください。

| 例文 1 | **I have been working** at this company for three years.
私はこの会社で3年間働いている。 |
| 例文 2 | **It has been raining** since this morning.
今朝からずっと雨が降り続いている。 |

例文1 は、**for three years**「3年間」からも、「ずっと働いている」という**継続用法**だとわかります。かつ、この労働はその後も**進行中**となるだろうから、**完了進行形のhave been working**が使われています。

続いて、例文2 では、**since this morning**「今朝からずっと」から、「雨が降り続いている」という**継続用法**だとわかります。そして、「この雨は進行中ですぐにはやまないだろう」から、**完了進行形のhas been raining**で表現します。次の例文に進みます。

● 継続用法でも状態動詞は完了進行形にしない

例文3

We have known each other since college.
私たちは大学生のころからの知り合いだ。

　since college「大学生のころからずっと」から、「継続して知り合いだ」という継続用法だとわかります。継続用法であれば通常進行形を使うのですが、 **例文3** は、実は例外です。継続用法の中でも、**know**や**live**など動詞が進行形となじまない場合には、通常の完了形である**have p.p.**（過去分詞）とします。

　ちなみに、**現在完了進行形はhave been doing**で表します。**過去完了進行形はhad been doing、未来完了進行形はwill have been doing**です。もっとも、未来完了進行形は**will have been doing**からわかる通り、重たい表現になるためあまり使用しないので、気にしなくても良いでしょう。

HACK
09

完了進行形をいつ使うか？

Answer 完了形の『継続用法』では
通常完了進行形にする。
例外は、状態動詞のように
元々進行形にできない動詞の場合。

HACK 10 時と条件の副詞節でなぜ現在形を使うか？

時とは主にwhenを指し、条件は主にifを指すと思ってください。whenやifが作る副詞節の中では、未来のことでも現在形を使うというルールです。副詞節とは、副詞の意味のカタマリのことです。下の例文をご覧ください。

例文 1

If it rains tomorrow, I will stay at home.
明日雨なら家にいるよ。

---

tomorrowからわかる通り、「明日雨が降る」というこれから先の内容にもかかわらず、willを使わずに現在形を使うというルールです。このルールの背景には、いくつか説があるので、1つずつ見ていきましょう。

> **その1** 古英語のif節中で動詞の原形を使う用法が、現在形へと変化した説

例えば、**Do it at once.**「それをすぐにやりなさい」では、doという動詞の原形が使われていますが、「**まだやっていない**」ときに言われる文です。あるいは、**You should do your homework.**「あなたは宿題をやるべきだ」でも、shouldの後ろに動詞の原形が使われていますが、やはり宿題は「**まだやっていません**」。あるいは、**He proposed that we stop going out.**「彼は、私たちが外出するのをやめるように提案した」でも、stopと動詞の原形が使われていますが、「**まだ外出するのをやめていません**」。「**まだやっていない**」あるいは「**まだわからない**」ことを表すのに、**動詞の原形**を使います。そして次の例文をご覧ください。

| 例文 2 | **If love be blind, love cannot hit the mark.**
もし恋が盲目なら恋は的を射抜くことはできない。 |

この文は、シェークスピアの「ロミオとジュリエット」の一節です。その昔、ifが作る副詞節の中で動詞の原形が使われていました。「もし恋が盲目なら」も、「**まだやっていない（まだわからない）**」から、動詞の原形です。その昔、**時・条件の副詞節で「まだわからない」から動詞の原形が使われていたものが、現代では現在形が使われるように転用された**というのが最初に紹介する説です。英語の歴史の中で、過去と現在の「つながり」を感じ取るのも、ロマンがあっていいものではないでしょうか。次の説に進みます。

> その **2** ｜ 省エネ説

難しい言葉で言うと、**言語経済上の言葉の省力化**ということで、わかりやすく言うと、**省エネ**です。 例文1 を見てわかるように、**I will stayという主節にwillを置けば、if節に未来を表す表現は不要という説**です。次のルールに進みます。

> その **3** ｜ 客観的な表現に主観的なwillを入れる必要がない説

「〜したとき」や「もし〜なら」は、**客観的な表現**になります。例文でも、「明日雨が降るなら」は、**客観的な表現**になります。一方で、**Will you marry me?**「結婚してくれますか？」、**I will.**「結婚します」からもわかる通り、**willに代表される助動詞は、話し手の意志を表す主観的な表現**です。例文でも、「明日雨が降るなら」はいたって客観的な表現で、そこに主観的な助動詞を入れる必要はないことがわかるでしょう。これがわかると、次の例文も簡単に理解できるはずです。

| 例文 3 | **If you will help me, I'll be happy.**
もしあなたが手伝ってくれるなら、私は嬉しい。 |

「あなたに手伝う意志があるなら」と、**if節中に気持ちを尋ねるような主観的な表現を入れる場合には、if節中にもwillを使う**ということです。

　以上、3つの説を紹介しました。一番腑に落ちて、面白いと思う説を選んでくれたらと思いますが、個人的には最初の説が一番興味深いものです。

時と条件の副詞節でなぜ現在形を使うか?

HACK
10

Answer

❶ 古英語のif節中で動詞の原形を使う
　用法が、現在形へと変化した
❷ 省エネ（主節にwillを置けば、
　when節・if節に未来を示す表現は不要）
❸ 時や条件のような客観的な表現に
　主観的なwillを入れる必要がない

PART | 2

助動詞を Hack する!

HACK 11　willとbe going to は何が違うか？

英語で未来のことを表せる代表例に、**will**と**be going to**があります。下のクイズを解いてみてください。

Q. 英語でなんて言う？
「そうだ　京都、行こう。」

❶ I will go to Kyoto.
❷ I am going to go to Kyoto.

このクイズのようなその場での思い付きは**will**を使って表現するので、正解は**❶**になります。**be going toは出張の予定などあらかじめ決まっている未来を表す**のに使います。1つずつ例文で見ていきましょう。

● willはその場での「思い付き」に使われる

> 例文 **1**
>
> **I will go to Kyoto.**
> そうだ　京都、行こう。

例えば、**その場で思い付いて、「そうだ　京都、行こう。」**というときは、例文**1**のように、**I will go to Kyoto.**とします。

● be going to は前から立てていた「予定」に使われる

例文 2

I am going to (go to) Kyoto.
私は京都に行く予定だ。

　一方で、**出張や前から予定を立てている旅行などの場合**は **例文 2** のように、**I am going to go to Kyoto.**です。この場合、**go to**を省略して、**現在進行形のI am going to Kyoto.とするのが通常**です。ネイティブには**going to go to**という重複が嫌われるので、**I am going to Kyoto.**と表現します。現在進行形で未来のことを表せるのは、**HACK02**で学んだ通りです。

　余談になりますが、誰しも一度は耳にしたことのある「そうだ　京都、行こう。」は、JR東海が1993年に、京都への観光客を増やそうと打ったCMがロングランとなり、かれこれ20年以上続くキャッチフレーズになります。

　この1993年というのが、京都にとって大切な年代になるのですが、なぜだかわかりますか？　その翌年の1994年というのは、794年の平安京遷都から1200年が経つ記念の年で、それを祝おうとして生まれたのが「そうだ　京都、行こう。」のキャッチフレーズでした。こうして794年と、1993年、1994年、そして現代へのつながりを感じるのも、ロマンがあって良いものですよね。

willとbe going toは何が違うか？

Answer willはその場での思い付きに使われて、be going toは前もって立てていた予定に使われる！

may と might は何が違うか?

助動詞のmayとmightの関係性を説明します。まずは、次の例文をご覧ください。

I may be late for the meeting.
会議に遅れるかもしれない。

He might be in Sapporo now.
彼は今札幌にいるかもしれない。

mayの過去形がmightであることは間違いありませんが、訳を見てみると、2つとも「かもしれない」になります。ここではっきりとわかるのが、**mightは過去形でも過去の意味を表さない**ということです。では、**may**と**might**はどう違うのでしょうか。

● may は50%程度の確信、might は30%程度の確信

同じように「かもしれない」と訳しても、**mayは50%程度の確信なので半信半疑、mightは30%程度**なので、非常に自信がないときに使うものです。なぜこのような違いが生まれるのかというと、英語の過去形の持つニュアンスが原因です。HACK04で学んだように、**英語の過去形は「距離感」がキーワードでした。過去形のmightの場合は、「現実との距離感」**が生まれるので、**may**と比べると非現実的イメージが強くなります。よって、現在形の**may**では50%程度の確信度が弱まって、過去形の**might**は30%程度になると言われています。次の英文に進みます。

● shall は神の意志により定められている

例文 3

I shall return.
私は必ず戻ってくる。

例文 4

He should be here at around eight.
彼は8時くらいにはここにいるはずだ。

例文 3 は、日本とアメリカの太平洋戦争で、日本軍の攻撃により、フィリピンから撤退を余儀なくされたマッカーサーの発した言葉として有名です。肯定文で**shall**はあまり使用されません。その理由は、**shall**が【神の意志】で定められているというニュアンスを持つほど強い助動詞だからです。いったん撤退を余儀なくされたマッカーサーの何としてもここに戻るという意志が感じ取れます。他にも、**We shall overcome**「勝利を我らに」というキング牧師などが主導した1960年代のアメリカ公民権運動でのシンボルとなった曲のタイトルにも**shall**が使われています。ここでも、【神の意志】により勝利が定められているという強いニュアンスを感じることができます。

すると、**shall**の過去形の**should**も強い意味であることがわかります。**現在形のshallが持つ100%を超えるような強さを、過去形のshouldにすることで、非現実的イメージが強まり、80%程度の確信度で「すべきだ」、「はずだ」となる**のが理解できるはずです。

HACK **12**

mayとmightは何が違うか?

Answer mayは50%程度の「かもしれない」、mightは過去形で非現実的イメージが強まり30%程度の「かもしれない」。

May the Force be with you. は、どういう語順?

「スター・ウォーズ」が好きな方には、なじみのセリフでしょう。映画の中では、May the Force be with you. 「フォースとともにあらんことを」と、別れの際に、相手の無事を祈るような場面でたびたび使われます。まずは、この表現の文構造から説明していきます。

例文 1

The Force may be with you.
⇓
May the Force be with you.

助動詞の**may**に着目すると、上が元の文で、下が倒置された形です。ちなみに、この**may**は【お祈り】の際に使われて、日本語にすると「〜しますように」といったニュアンスになります。通常文頭に出て、後ろに**S** + 動詞の原形 が続きます。【お祈り】の意味で使われる**may**を、他の例文で見ていきましょう。

例文 2

May God be with you.
神とともにあらんことを。

元々は、**God may be with you.**でしたが、**may**が文頭に出て、後ろに**S** + 動詞の原形 が続きます。では、そもそもなぜこの**may**の用法では、倒置が起きるのでしょうか。

● 感極まったときに倒置は起きる

倒置は、なんとなく起きるのではなくて、話し手や書き手が感極まったときに起きるものです。【お祈り】の**may**は、不安で心配だけれども、相手の幸運や無事を本気で祈るときに使います。よって、この時の気持ちの高揚から、【お祈り】の**may**を使う際には、通

常倒置が起きるのです。

　ちなみに、**God**が大文字なのはわかりますが、なぜ**Force**まで大文字かというと、英単語の**force**「力」と、スター・ウォーズでの**Force**を区別するためです。スター・ウォーズの**Force**とは、公式サイトによると、「銀河のあらゆる事物に宿るエネルギーで、未来を予知したり、モノを動かしたりなど、様々なことを可能にする超能力的なパワーの源」とあります。こうして理解すると、最も使用される英語の1つである**goodbye**の正体とつながってきます。

● goodbye は God be with ye の短縮形

　「さよなら」を意味する**goodbye**は、元々**God be with you.**「神とともにあらんことを」の短縮形です。正確には、**you**が昔は**ye**というスペリングだったので、**Godbewithye**＝**Goodbye**となりました。すると、例文 **2** とつながってきます。そうです、元々は【お祈り】の**may**を使った**May God be with you.**が、**God be with you.**となって、**Goodbye**と短縮されたのが由来になります。私たち日本人が別れの際に使う「さよなら」は、「左様ならば」という「じゃあそういうことで」を表す言葉から生まれました。一方で、英語を使う人たちは、別れの際にも「神とともにあらんことを」や「神のご加護がありますように」と、常に神様の存在を感じつつ相手の無事を祈っていることがわかります。

HACK 13

May the Force be with you. は、どういう語順？

Answer　元々**The Force may be with you.** だったのが、感情を込めたお祈りで、**may**が文頭に出て倒置が起きた語順。

please にはなぜ「喜ばせる」と「どうぞ」の2つの意味があるか?

HACK 14

これも英語学習の初期のころに学んだものです。前後にpleaseを付けて、命令文を少し優しい口調にする、あるいはplease単独で「どうぞ」の意味がありました。

例文 1

Please seat yourself.
どうぞおかけください。

一方で、その後に「**喜ばせる**」という意味の**動詞のplease**が登場して、主に**人を主語にとるとbe pleasedの形にする**と学んだはずです。

● 動詞の please

例文 2

I bought a ring to please my wife.
私は妻を喜ばせるために指輪を買った。

例文 3

I'm very pleased with my new job.
私は新しい仕事がとても気に入っている。

無意識にこういうものだと両者をとらえてきたはずですが、この2つにつながりはないのでしょうか。実は、**HACK13**で扱った【**お祈り**】の**may**がカギを握っています。**please**は、「どうぞ」の用法が先にあるのではなくて、動詞の「喜ばせる」の用法が先にあります。次の例文をご覧ください。

●「どうぞ」の please は、元は May it please you!

It may please you.
それがあなたのお気に召しますように。
⇩
May it please you.
⇩
Please you.
⇩
Please.

「どうぞ」の意味のpleaseも、**May it please you!**「**それがあなたのお気に召しますように！**」と、【お祈り】のmayが文頭に出て倒置した文が元の形でした。上の例文では、わかりやすいように、元の形の**It may please you.**からスタートしています。そして、**May it please you.**となり、ついには**May**と**it**も省略して、**Please you!**だけが残ります。この際**you**も取ってしまえと、最後には**Please**だけが残りました。「どうぞ」の訳にはなりましたが、命令文の前後や単独で使われる**please**には、「あなたのお気に召しますように」という【お祈り】のニュアンスが含まれていることがわかります。**英語圏において、いかに神様の存在や【お祈り】が日常生活の一部になっているか**がわかります。

HACK 14

pleaseにはなぜ「喜ばせる」と「どうぞ」の
2つの意味があるか？

Answer 【お祈り】のmayを使った **May it please you.**
「あなたのお気に召しますように」が
Please you. ⇒ Please. へと変化した。

HACK 15 used to がなぜ「以前は〜だった」の意味になるか？

　助動詞の学習で、**used to**「以前は〜だった」と、いきなり登場して、面食らった人も多いでしょう。まずは、例文で確認していきます。

例文 1	**I used to live in Shizuoka, but now I live in Tokyo.** 以前は静岡に住んでいたが、今は東京で暮らしている。

　例文1 のように、**used to**は「以前は〜だったが、今は違う！」という**現在との対比の**ニュアンスを含んでいることが重要になります。しかし、**use**「使う」というなじみの用**法とどういう関係があるのでしょうか**。次の例文をご覧ください。

例文 2	**I use to play golf now.** 私は今よくゴルフをする。

　現在ではこの用法はありませんが、その昔**use**を自動詞で用いて、**use to**「よく〜する」という**現在の習慣**を表す用法がありました。**useを自動詞で使う**と「習慣的にやる」という意味があったのです。これが過去形になれば、**used to**「以前はよく〜した」と過去の習慣を表すことができます。その後、現在形の用法が消えて、過去形の用法だけが残ったのが、**used to**「以前は〜した」の正体になります。

HACK 15　used toがなぜ「以前は〜だった」の意味になるか？

Answer　元々use to「よく〜する」というuseの自動詞用法が過去形になったもの！

HACK 16 be used to がなぜ「〜に慣れている」の意味になるか?

本来この表現は、toの後ろが動名詞であることが重要なので、動名詞の分野で扱われることが多いでしょう。しかし、be used toは、HACK15で扱ったused toと混同しがちなので、ここで扱います。次の例文をご覧ください。

例文 1
I am used to living in the country.
私は田舎での暮らしに慣れている。

これも、初めて見たときは混乱した表現の1つだと思います。use「使う」と一見何の関係もないし、used toは出てくるし、一体何なのかと思われたことでしょう。be used toの謎を解き明かすには、同意表現といわれているbe accustomed toの成り立ちがヒントになります。次の例文をご覧ください。

例文 2
I don't accustom my children to their new surroundings.
子供たちを新しい環境に慣れさせていない。

My children are not accustomed to their new surroundings.
子供たちは新しい環境に慣れていない。

元々accustom A to B「AをBに慣れさせる」だったのが、受動態になってA be accustomed to B「AはBに慣れている」になりました。accustomがこの経緯をたどっているなら、useにも当てはまるのではと考えます。次の例文をご覧ください。

● use A to B「AをBに慣れさせる」の受動態

My parents use me to traveling abroad.
私の親が私を海外旅行に慣れさせてくれる。
⇓
I am used to traveling abroad (by my parents).
私は海外旅行に（親のおかげで）慣れている。

現在では使われていませんが、**use**にも**accustom**と同様に、**use A to B**「AをBに慣れさせる」という用法がありました。これを受動態にすると、**A be used to B**「AはBに慣れている」になります。

● used to も be used to も use と関係がある

まとめると、**used to**も**be used to**も、やはり**use**とのつながりがあります。私たちが抱いた最初の直感は正しかったことになります。問題は、**used to**は**use to**「よく〜する」という現在の習慣の用法が消えたことと、**be used to**は元の能動態の**use A to B**の用法が消えたために、その由来を追跡するのが難しいということでした。

HACK
16

be used toがなぜ「〜に慣れている」の意味になるか?

Answer 元々use A to B「AをBに慣れさせる」が受動態になって、A be used to B「AがBに慣れている」となったもの!

had better はなぜ過去形か？

had better「〜した方が良い」という表現は、親から子供や、上司から部下へのメッセージで、「〜しないと後で大変なことになるぞ」という脅迫的メッセージとよく説明されています。例文をご覧ください。

例文 1

You had better go home.
家に帰った方が良い。

一方で、**had**が過去形であるにもかかわらず、「〜した方が良い」と過去のニュアンスはどこにもありません。この**had**は一体どういうことでしょうか。ここでの矛盾点は、**過去形にもかかわらず意味が現在になること**です。英語で、過去形にもかかわらず現在の内容になる表現は、他にどういったものがあるのかを考えていきましょう。

例文 2

You might have a cold.
あなたは風邪を引いているかもしれない。

例文2のmightも、mayの過去形ですが、意味は現在です。HACK04では、英語の過去形は必ずしも昔のことを表すものではないと学びました。**相手と『距離』を置くことで丁寧さを表す用法**と、**現実と『距離』を置くことで非現実性を伝える用法**がありました。**had better**は決して丁寧な表現とはいえないので、後者の現実と『距離』を置いて非現実性を伝える仮定法の用法ではないかと推論します。次の英文をご覧ください。

例文 3
It is time you went home.
家に帰る時間だ。

It is time SV.「SがVする時間だ」は仮定法の表現で、動詞の**過去形**が使われています。「まだSがVしていない」という点で、**現実に反する内容なので、現実と距離を置いた過去形を使うことで、非現実性を伝えています。**次の英文に進みます。

例文 4
I would rather you go home.
あなたが家に帰ると良いのに。

続いて、**would rather (that)**「むしろ〜だといいのに」と仮定法の表現が使われた文です。通常**that**節内は、仮定法過去の方が多いようですが、仮定法現在も使われます。この **would rather**は、アメリカ英語では**had rather**となることがあります。**you**を主語に繰り上げて、**had rather**を使います。

例文 5
You had rather go home.
あなたは家に帰ると良いのに。

すると、 例文1 と非常に似た文となることがわかりました。これらの表現から、**had betterは仮定法の表現で過去形が使われており、後ろの情報がまだ現実と反するので、過去形が使われている**と類推できます。

had betterはなぜ過去形か?

Answer 非現実性を示す仮定法の過去形

「できた」でなぜ could を使えないか?

　助動詞の勉強をしていると、「できた」と言いたいときには、couldではなくてwas (were) able toを使うと聞いたことがある方もいるはずです。これは一体どういうことでしょうか。以下の例文をご覧ください。

例文
1

I could pass the test.
私はその試験に合格するだろう。

例文
2

I was able to pass the test.
私はその試験に合格することができた。

　canはbe able toと置き換えられるのに、「できた」と言いたい場合は、was able toだけで、なぜcouldを使えないのでしょうか。実際に 例文1 のcouldは「〜するだろう」の意味になります。この謎を解き明かすために、以下の例文をご覧ください。

例文
3

The baby can already walk.
その赤ん坊はもう歩くことができる。

例文
4

She isn't able to walk because of her broken leg.
彼女は脚を骨折したので歩くことができない。

　例文3 、 例文4 では、同じ意味を表すといわれるcanとbe able toが使われています。両者の違いの1つは、canには恒常的な能力、すなわち「いつでもできる」というニュア

ンスがあるけれど、**be able to**には「一時的にできる」というニュアンスがあることです。
例文3では、その赤ん坊はもう歩けるようになったから、**いつでも歩くことができます**。
一方で例文4では、骨折で**一時的に歩けない**だけです。次のクイズをご覧ください。

> **Q.** 空所に入るのはどっち?
> 「お酒を飲んだから運転できない。」
>
> I (　　　　　) drive because I drank.
> ❶ cannot
> ❷ am not able to

❶cannotも間違いとはいえませんが、**運転が恒常的にできない**、すなわち**運転免許が
ない**というニュアンスになります。一方で❷am not able toを使うと、通常は運転できる
けど、お酒を飲んだから一時的に運転できない、と文脈にピッタリの表現になります。

● canは恒常的な能力で、be able to は「一時的にできる」

まとめるとcanは**恒常的な能力**で、be able toは「**一時的にできる**」ことを表すので、過
去に「(一回) できた」は**could**ではなくて、**was able to**を使うのが正しいとわかります。

```
       「できた」でなぜcouldを使えないか?
HACK
 18    Answer   canは恒常的な能力、be able toは
                「一時的にできる」ことを表すので、
                過去に「(一回) できた」は
                was able toを使う。
```

must と have to は否定形にするとなぜ意味が異なるか？

これも中学で習う英文法になります。must と have to は両方とも「〜しなければならない」の意味ですが、否定形にすると、must not は「〜してはいけない」と【禁止】の意味になり、don't have to は「〜しなくても良い」と【不要】の意味になります。なぜ肯定表現では意味が同じものが、否定形にするとこうも違う意味になるのでしょうか。肯定表現の例文から見ていきます。

例文
1

You must go there alone.
あなたはそこに一人で行かなければならない。

例文
2

You have to finish the paper today.
あなたはその論文を今日終わらせなければならない。

助動詞は**主観的表現**で、代用表現は**客観的な表現**といわれます。よって、例文1は主観的な表現で、あえて**話し手が、試練となるような義務を課している事情があるだろう**とわかります。一方で例文2は客観的な表現で、おそらく**論文の締め切りが明日まで**といった**客観的な事情があること**がわかります。続いて、問題の否定形の例文を見ていきます。

例文
3

You must not go there alone.
あなたはそこに一人で行ってはいけない。

例文
4

You don't have to finish the paper today.
あなたはその論文を今日終わらせなくても良い。

例文3 は「そこに一人で行ってはいけない」と must not 【禁止】を意味して、例文4 は「その論文を今日終わらせなくても良い」と don't have to 【不要】の意味になります。なぜ否定形にすると、こうも意味が異なるのでしょうか。

● must not は語句否定／don't have to は文否定

must not の not は語句否定といって、後ろの go を否定するので、「あなたはそこに一人で**行かないことをしなければならない**」＝「あなたはそこに一人で**行ってはいけない**」となります。

一方で、**don't have to は文否定**になります。よって、**You have to finish the paper today.** を否定するので、「あなたはその論文を今日**終わらせなければいけないということはない**」＝「あなたはその論文を今日**終わらせなくても良い**」となります。

must と have to は否定形にするとなぜ意味が異なるか？

Answer　must not は語句否定なので
「〜しないことをしなければいけない」
＝「〜してはいけない」になる。
have to は文否定なので
「〜しなければいけないということはない」
＝「〜しなくても良い」になる。

HACK
19

助動詞の慣用表現を Hack する！

　助動詞の慣用表現を、すべて丸暗記なしで理解できるように説明していきます。まずは、would rather A than B「BよりむしろAしたい」です。

● would rather A than B は、would「〜したい」とrather「むしろ」

例文 1

I would rather swim in the sea than play golf.
私はゴルフをするよりむしろ海で泳ぎたい。

　would rather A than Bは、願望の助動詞would「〜したい」とrather A than B「Bよりむしろ A」が合わさった表現です。wouldは、willの過去形で丁寧さを伝える役割です。例文のように、2つのものを比較して、どちらかと言うとこちらが良いという文脈で使います。続いて、2つの意味を持つmay wellを紹介します。

● may well は50％＋30％＝80％

例文 2

This may well be the last chance for me.
これは私には最後のチャンスになるだろう。

　may wellの1つ目の意味は「たぶん〜だろう」です。これは元々のmayの推量の意味「〜かもしれない」にwell「十分に」という程度を強める表現が合わさったものになります。mayの50％程度の意味に、wellの30％程度強める働きが加わって、may wellは80％程度の推量になるので「たぶん〜だろう」の意味を表します。続いて、may wellのもう1つの意味を見ていきます。

例文3

You may well be surprised at the news.
あなたがそのニュースを聞いて驚くのももっともだ。

may wellの2つ目の意味は「〜するのももっともだ」です。mayの50％とwellの30％を合わせた表現なので、may wellで80％になります。ただし、「たぶん〜だろう」がmayの「かもしれない」を強めていたのに対して、今回はmayの許可の意味である「〜しても良い」を強めたものになります。「十分に〜しても良い」＝「〜するのももっともだ」になります。続いて、might as well A as B「BするくらいならAする方がましだ」に進みます。

● might as well A as B は might well ＋ as 〜 as ...

例文4

You might as well throw your money away as spend it in gambling.
ギャンブルにお金を使うのは、お金を捨てるようなものだ。

might as well A as Bは、might well「〜しても良い」＋比較のas 〜 as ... がポイントになります。may wellも使われることがありますが、might wellを使うことの方が多くなります。as 〜 as ... には、厳密なイコール(＝)ではなくて、大なりイコール(≧)のニュアンスがあります。よって、might as well A as BもA≧Bのイメージで、「Bするのと同じくらいAしても良い」、または「BするくらいならAした方が良い」となります。続いて、might as well do「〜した方が良い」に進みます。

● might as well do は「しないよりした方が良い」

例文5

You might as well go out.
外に出てみたら。

might as well do「〜した方が良い」は、後ろにas notが省略されているのがポイントになります。might as well A as BのBにnotが入って、as notが省略されている表現になります。 例文5 では、「外出しないならした方が良い」＝「外出した方が良い」となります。割と投げやりな表現で、どちらでも良いけどやってみたら程度の軽い表現になります。

助動詞の慣用表現をHackする！

● **would rather A than B**

Answer 　願望の助動詞would + rather A than B
「BよりむしろA」
=「BよりむしろAしたい」

● **may well**

Answer 　may（50%）+ well（30%）
= 80%「たぶん〜だろう」、
「〜するのももっともだ」

● **might as well A as B**

Answer 　might well + as 〜 as ...
=「Bするのと同じくらいAしても良い」
=「BするくらいならAした方が良い」

● **might as well do**

Answer 　as notが省略されている
=「〜しないよりした方が良い」
=「〜した方が良い」

命令・要求・提案のthat節で なぜ動詞の原形を使うか?

　命令・要求・提案のthat節とは、「命令する」、「要求する」、「提案する」という動詞の目的語にthat節が来た場合、that節内は動詞の原形かshould ＋ 動詞の原形 を使うというルールです。下の例文をご覧ください。

例文
1

I suggested that we go out to eat this Sunday.
私は、私たちが今週の日曜日に外食することを提案した。

　動詞がsuggestedと過去形なので、時制の一致（主節の動詞と従属節の時制を一致させるというルール）から、goの過去形であるwentを使いたいところです。ところが、**命令・要求・提案のthat節内では動詞の原形を使う**ので、goとします。このルールは、時制の一致というルールをもはね返してしまうのです。suggest以外の動詞で、**命令・要求・提案のthat節**を例文で見ていきましょう。

例文
2

They ordered that the building be bombed.
彼らは、その建物を爆破するように命令した。

　order「命令する」の目的語のthat節に動詞の原形のbeが使われています。この文でも、主節はorderedと過去形なのに、時制の一致をはねのけて、that節内はbeと動詞の原形を使います。次の例文に進みます。

例文
3

He demanded that she tell him the truth.
彼は彼女に真実を言うように要求した。

この例文でも、時制の一致をはねのけて、**that**節内の主語が**she**であるにもかかわらず、動詞の原形の**tell**が使われています。**demand**「**要求する**」の**that**節内なので、動詞の原形を使います。このルールは、3単現の**s**（主語が3人称・単数で現在時制なら動詞に**s**〔**es**〕を付けるルール）もはねのけます。「要求する」の意味を表す動詞は他にも、**insist**、**require**などがあります。**insist**は「主張する」の意味だと、このルールは適用されずに、あくまで「要求する」の意味でこのルールが適用される点に注意しましょう。次の例文です。

| 例文 4 | **He proposed that I should lead the group.**
彼は、私がそのグループを率いるように提案した。 |

　続いて、 例文4 は**propose**「**提案する**」の**that**節なので、**should lead**が使われています。ちなみに、 例文1 〜 例文3 のように動詞の原形を使うのはアメリカ英語で、**should** ＋ 動詞の原形 とするのがイギリス英語になります。「提案」と近い文脈で、**recommend**「**勧める**」にもこのルールが適用されます。

● that 節を命令文と同じとみなす

　最後に、なぜこのルールが存在するのでしょうか。実は、**ネイティブはこのthat節を命令文と同じように見ていること**が理由です。命令文は、**Do it at once.**「すぐにそれをやりなさい」のように、動詞の原形から始まります。ルールをよく見ると、**命令・要求・提案とすべて命令にかかわるもの**とわかります。「要求」は命令を少し弱くしたもの、「提案」はさらに命令を弱くしたものです。

　ちなみに、**should** ＋ 動詞の原形 は、**HACK26**でやるように、仮定法の**if**節で**まだ実現していないものにshouldをつけること**が由来と考えられています。**should**「〜すべきだ」の用法と異なるので、注意しましょう。最後の例文です。

| 例文 5 | **It is essential that she overcome the difficulties.**
彼女がその困難を乗り越えるのは不可欠だ。 |

通常ならば、3単現のsのルールから、**overcomes**としたいところですが、動詞の原形の**overcome**が使われています。**that**の前の形容詞の**essential**に着目しましょう。「彼女がその困難を乗り越えることは不可欠だ」とは、いわば**彼女にその困難を乗り越えなさいという命令文の文脈**なので、上記の**命令・要求・提案のthat節と同じルールが適用**されます。**that**節内に動詞の原形を使うのです。

　これと同じルールが使われる形容詞は、**necessary**「必要だ」、**imperative**「不可欠だ」、**important**「重要だ」などとなります。これらは、事実上「〜しなさい」という命令文に相当するので、**命令形容詞**と呼びます。**これらのthat節には動詞の原形かshould ＋ 動詞の原形** を使用します。

HACK 21

命令・要求・提案のthat節で
なぜ動詞の原形を使うか?

Answer ネイティブは、このthat節内を命令文と
同じように見ているので、
命令文で使う動詞の原形を使う!

PART | 3

仮定法を
Hackする！

仮定法でなぜ過去形を使うか?

仮定法でなぜ過去形を使うか?というのは、英語学習者にとって最大の疑問の1つでしょう。まず、仮定法の基本的な時制と表現方法から整理していきます。

● 仮定法過去は現在の空想を表す

例文
1

If I were you, I would not marry that man.
もし私があなたなら、そんな人とは結婚しないのに。

仮定法とは、**現実とは異なる空想を表現する方法**です。例文でも、「私があなたなら」と、現実とは異なる空想を述べています。主な時制は2つあり、仮定法過去と仮定法過去完了です。**仮定法過去は例文のように現在の空想を表して、仮定法過去完了は過去の空想を表します。**

● なぜ現在の空想を過去形で表すか?

ここで疑問にあがるのが、例文のような**現在の空想にもかかわらず、なぜ過去形を使うのか?**ということです。この疑問を解消するカギは、**英語の過去形の正しい理解**にあります。HACK04では、英語の過去形は単に昔のことを表すのみならず、丁寧さも伝えられると学びました。何よりも、英語の過去形は『距離感』がキーワードと学んだはずです。

通常の過去形は『現在との距離感』を作るので、昔のことを表すことができます。そして、『相手との距離感』を作るので、丁寧さを伝えることができます。では、仮定法での過去形は、『何との距離感』でしょうか。

● 仮定法の過去形は『現実との距離感』を作り出す

例文 2

If I were a bird, I could fly to you.
もし私が鳥なら、あなたのもとへ飛んでいけるのに。

例文2 でもわかる通り、現実には、私は鳥にはなれません。よって、**過去形を使うこと**で、『現実との距離感』を作り出し、非現実性を伝えられるのです。HACK12の**may**と**might**の違いで学んだように、仮定法は過去形を使うことで、『現実との距離感』を作り出して、非現実的イメージを伝えられるのです。

まとめると、**英語の過去形は『現在との距離感』なら昔のこと**を表し、『相手との距離感』**なら丁寧さ**を意味して、『現実との距離感』**なら非現実性**を表すことができます。

HACK 22

仮定法でなぜ過去形を使うか?

Answer 英語の過去形は『距離感』を
作り出すことができるので、仮定法では
『現実との距離感』を生み出して、
非現実性を表すことができる。

if は仮定法の目印になるか？

仮定法と言えばifというイメージが強いかもしれませんが、はたしてifは仮定法の目印となるのでしょうか。次の2つの文をご覧ください。

例文
1

If it rains tomorrow, I will stay at home.
もし明日雨が降るなら、私は家にいます。

例文
2

If I were you, I would wait a bit.
もし私があなたなら、もうちょっと待つのに。

両方ともifを使ってはいますが、 例文1 は直説法（普通の文）で、 例文2 は仮定法となり、全然違う種類の英文になります。このことから、ifは仮定法の目印とは言えないことがわかります。上の文は、「**明日雨が降ることはありえる**」ので、仮定法ではなくて直説法（普通の文）になります。一方で、下の文は「**私があなたになることはありえない**」ので、仮定法の文です。続いて、次の2つの文もどんな種類の文なのかを考えてみましょう。

例文
3

A true gentleman would not do such a thing.
本当の紳士なら、そんなことはしないだろう。

例文
4

With a little more money, I could buy that house.
もうちょっとお金があったら、その家を買えるのに。

例文 3 は、「実際には本当の紳士ではなく、無礼なことをしてしまう」という文脈なので、ifはありませんが仮定法の表現です。例文 4 は、「実際にはお金がなくて、その家を買えない」ので、ifはありませんが仮定法です。次の文もご覧ください。

例文
5
To hear him talk, you would take him for an American.
彼が話すのを聞くと、あなたは彼をアメリカ人と思うだろう。

例文
6
Ten years ago, I could have run to the station.
10年前なら、私は駅まで走って行けたのに。

例文 5 は、実際には彼が話すのを聞いていないので仮定法の表現になります。**To hear him talk**「彼が話すのを聞けば」という不定詞のカタマリが、**if**節の代わりになっています。次に 例文 6 は、「10年前だったら」という空想を述べているので、仮定法の表現になります。**Ten years ago**「10年前だったら」という副詞のカタマリが、**if**節の代わりになっています。

ここまで来るとおわかりのように、例文 2 ～ 例文 6 の仮定法の文に共通するのは、ifではありません。順にwould、would、could、would、couldとあるように、**助動詞の過去形こそが、仮定法の最大の目印**となることがわかりますね。

HACK
23

ifは仮定法の目印になるか?

Answer ifがあっても仮定法ではない文もあり、
助動詞の過去形こそが
仮定法の目印になる!

HACK 24　I wish I could have a date with her. は「デートできる」or「できない」?

仮定法の頻出表現に、I wish SV.「SがVすればなあ」があります。次の例文をご覧ください。

例文 1

I wish you were here.
あなたもここにいてくれたらなあ。

この例文は、旅先からの決まり文句の1つです。例えば、**I'm having a wonderful time. I wish you were here.**とすると、「楽しいひと時を過ごしております。あなたもここにいてくれたら良いのに」といったメッセージです。すなわち、**I wish you were here.**から、「あなたはここにはいない」ということがわかります。次の簡単なクイズをご覧ください。

> **Q.** デートできるのはどっち?
> **❶ I wish I could have a date with her.**
> **❷ I hope I can have a date with her.**

I wishもI hopeも日本語にすると、「〜を望む」です。両者は、どういう違いがあるのでしょうか。

● I wish ~. は実現不可能な願い

I wishは仮定法が続くことからも、実現不可能な願いをするときに使うものです。一方で、I hopeは50%程度でしょうが、実現できると思って使います。よって、クイズでは、❷はデートできる可能性があり、❶は絶対に無理だと思いながら使う表現だとわかります。次の例文に進みます。

例文 2

If only I had more money.
もっとお金さえあればなあ。

続いて、**If only ～.** 「〜しさえすればなあ」の表現を紹介します。これは、**I wish SV.を強めた表現**で、どちらもまだ実現していないことや、非現実的な願いを表すものです。次の例文に進みます。

例文 3

If only I had more money, I could buy that car.
もっとお金さえあれば、あの車を買えるのに。

例文3 を見ていただくとわかるように、**If only ～.** は、元々仮定法のif節の表現で、主節を省略したものになります。例えば「お金があったら、色々買えるのに」と自明である主節を省略します。

● **I wish ～.** も **If only ～.** も仮定法のif節に相当する
- -

すると、**I wish ～.** ≒ **If only ～.** なので、**I wish ～.** も、実は主節を省略して、if節に相当する表現だとわかります。例文1 も、「あなたがここにいてくれたらもっと楽しいのに」と容易に主節を想像できます。

HACK
24

I wish I could have a date with her. は
「デートできる」 or 「できない」?

Answer ▶ デートできない。**I wish ～.** は
実現不可能な願いをするときに使う!!

HACK 25 仮定法のif節に登場する were to の正体は？

次の例文をご覧ください。

例文 1

If the sun were to disappear, all living things would die.
仮に太陽が消滅したら、あらゆる生き物は死ぬだろう。

---

if S were to ~, は「仮にSが〜するなら」と、 **例文1** のような実現可能性の低い仮定に使用されると言われることがあります。このif節中に使われる**were to**とは一体何なのでしょうか。

● if 節中に登場する were to は元々 be to 不定詞

このif節中に登場する**were to**は、元々**be to** 不定詞 です。**be to** 不定詞 の「これから〜することになる」という予定の意味と近いものととらえておきましょう。よって、「これから先の仮定」となるので、**仮定法未来**とも言われることがあります。次の文をご覧ください。

例文 2

If World War III were to break out, what would you do?
仮に第三次世界大戦が起きたら、あなたはどうしますか。

例文1 と同様に、**きわめて実現可能性の低い仮定**に、この**were to**は使うことがわかります。一方で、次の文をご覧ください。

例文
3

If the children were to go to an amusement park, they would be happy.
遊園地に行くとしたら、子供たちは喜ぶだろう。

例文1、例文2のような「太陽が消えたら」、「第三次世界大戦が起きたら」と、きわめて実現可能性の低い仮定にもwere toは使用されますが、一方で例文3のようなごく普通の仮定の話にも使用されます。実際、きわめて実現可能性の低い仮定から、実現可能性のある仮定にまで使われるという説明も見かけます。最後に次の文をご覧ください。

例文
4

If you were to move a little, we could see the screen clearly.
少し動いてくださると、はっきりとスクリーンが見えるのですが。

もうここまで来ると、実現可能性の有無で使用されるかどうかが決まる表現ではないことがわかりますね。例文4は、**丁寧な依頼表現の一種**になります。

● 仮定法のif節中のwere toは「これから先の仮定」

やはり、**be to** 不定詞 の「これから〜する」という**未来性を反映した表現**で、**仮定法未来**という呼称がこのwere toをよく表していることがわかるでしょう。**これから先の仮定には、実現可能性が低いものから高いものまで含まれている**とまとめることができるでしょう。例文1 〜 例文4 に共通するのは、すべて「**これから先の仮定**」になります。

HACK
25

仮定法のif節に登場するwere toの正体は?

Answer be to 不定詞 で、「これから先の仮定」を表す‼

仮定法のif節に登場する should の正体は?

HACK25で紹介したwere toと一緒に紹介されるのが、if節で登場するshouldです。were toとshouldは、実現可能性の低い仮定に使用されると説明されますが、HACK25では、were toは実現可能性に左右されることなく、単なる「これから先の仮定」に使用されると説明しました。一方で、shouldに関しては、やはり実現可能性が低い仮定に用いられると判断して問題なさそうです。以下の例文をご覧ください。

例文 1

If it should rain tomorrow, we wouldn't go.
万が一明日雨が降ったら、私たちは行かないだろう。

一方で、次の文をご覧ください。

例文 2

If it rains tomorrow, we will not go.
明日雨が降ったら、私たちは行かないだろう。

例文 2 は直説法（通常の文体）なので、「雨が降る場合もあれば降らない場合もある」とifが持つ50％程度の確率だと話者が思っていることがわかります。一方で、例文 1 は、主節にwouldがあることからも、仮定法の文だとわかります。したがって、やはりif節中にshouldを使う場合は、実現可能性が低いと話者が思っているとみて、間違いなさそうです。パーセンテージで表すと、およそ20％程度の確率に対して使うようです。では、なぜshouldをif節中に使うと、途端にこのような低いパーセンテージを表すのでしょうか。次の例文をご覧ください。

例文3

I am the boss.
私は上司だ。
⇓
If I were the boss, I would fire her.
もし私が上司なら、彼女を解雇するのに。

　直説法で使用されている の上の文は、「私は上司だ」と客観的事実を表すので、いわば100％の確信度がある文です。一方で、下の仮定法の文になるともはや上司ではないので、0％の確信度の文になります。

● 仮定法のif節中で使われる動詞（助動詞）は実現可能性が反転する

　まず、**通常のshouldはおよそ80％前後の確信度のときに使用する**と言われます。「〜すべきだ」や「〜のはずだ」と、どちらも強い確信度で使用します。それが、**仮定法のif節で使われると、確信度が反転して20％前後になる**のです。次の例文をご覧ください。

例文4

It should rain tomorrow.
明日雨が降るはずだ。
⇓
If it should rain tomorrow, we wouldn't go.

　上の**直説法の文では、80％程度の確信度で使用しているもの**が、仮定法で使われると確信度が反転して、**20％程度の確信度**になります。

仮定法のif節に登場するshouldの正体は？

Answer 通常使用される80％程度のshouldが仮定法で使われて、20％程度の確信度に弱まったもの！！

if it were not for がなぜ「〜がなければ」の意味になるか？

この表現も、仮定法の分野で必ず登場するものです。なぜ「〜がなければ」の意味になるのかをひも解いていきましょう。次の例文をご覧ください。

例文1

If it were not for water, we could not survive.
水がなければ、私たちは生きていけないだろう。

if it were not for「**〜がなければ**」という仮定法の表現です。この表現をひも解くには、まず**if節のitは何なのか**、そして**forが何なのか**を解き明かす必要があります。色々な専門書を調べても、**it**は状況の**it**では？という控えめな表現ばかりで、どの本も言及を避けていました。

それぞれ単体で用法を調べても、この表現を類推させる表現を1つも見つけることはできませんでした。続いて、**it**と**for**の組み合わせで調べていっても、同様にこれを想起させるような用法は見当たりませんでした。最後の手段として、**文全体の視点で考えてみる**ことにしました。**例文1**は「水がなければ、私たちは生きていけないだろう」という文ですが、仮定法ではなくて直説法で考えてみます。すると、「**水のおかげで私たちは生きていける**」になります。**例文1**の形をできる限り維持した直説法を考えると、以下のような例文になります。

例文2

It is for water that we can survive.
水のおかげで、私たちは生きていける。

これはいわゆる強調構文ですが、**for**は理由「**〜のために、おかげで**」を表します。これを仮定法にすると、**is**が**were**になり、現実と反対の内容なので、肯定形が否定形になり、

If it were not for water, 「水がなければ」が完成します。続いて、that節の内容も反対にして主節を作ります。すると、we could not survive になります。if節と合わせると、If it were not for water, we could not survive.「水がなければ、私たちは生きていけないだろう」と、 例文1 が見事に完成します。次の例文もご覧ください。

例文 3

It is for you that I can survive.
あなたのおかげで、私は生きていける。

強調構文で、**for you**「あなたのおかげで」が強調されています。これを文の意味を反転させて、仮定法に変えてみましょう。

例文 4

If it were not for you, I could not survive.
あなたがいなければ、私は生きていけないだろう。

It is for youの意味を反転させて、仮定法のif節に当てはめると、**If it were not for you**「あなたがいなければ」になります。**that**節の意味を反転させて主節に当てはめると、**I could not survive**となり、 例文4 が完成します。

HACK
27

if it were not forがなぜ「〜がなければ」の意味になるか?

Answer 強調構文のIt is for ~ that ....を
仮定法にした構文が、
If it were not for ~, ...になる!

仮定法のif節では
なぜ倒置が起きるか?

　続いて、仮定法ではif節で倒置が起きることがあると、これも唐突に仮定法の学習の中で登場します。このルールも、なぜ倒置することがあるのかがわかると、ネイティブの気持ちがわかるし、自分で話すときも、そうした思いを込めて発信することができるでしょう。まずは、仮定法のif節で倒置が起きる例文を見ていきます。

例文
1
Were it not for you, I could not survive.
あなたがいなければ、私は生きていけないだろう。

　HACK27で登場した仮定法の文を倒置した文になります。**if**を消して、**it**と**were**を逆転させるので、倒置と呼ばれています。一旦立ち止まって、 例文1 を言うシチュエーションを考えてみましょう。おそらく男女の間で、愛情を伝える場面が想像できるでしょう。あなたのことが必要で、あなたなしの人生など考えられないという場面をイメージできるでしょう。

● 英語の倒置は気持ちの高揚が伴う

　 例文1 でも、簡単に**気持ちの高揚が想像できる**でしょう。「あなたなしでは生きていけない」と、切に愛情を伝えているシーンが思い浮かびます。次の例文に進みましょう。

例文
2
Had it not been for your help, my project
would have failed.
あなたの助けがなければ、私の計画は失敗していただろう。

　if it had not been for「〜がなかったら」と、時制が仮定法過去完了になります。倒置すると、**if**を消して**it**と**had**を逆転させるので**had it not been for**になります。 例文2 でも、

助けてくれたことに心から感謝している**シチュエーション**が目に浮かびますね。次の例文
をご覧ください。

例文
3

**Should we win the day, the 4th of July will
no longer be known as an American holiday,
but as the day when the world declared in
one voice.**
我々が勝利を収めれば、7月4日は、もはやアメリカの
祝日ではなく、世界が一体となって独立を宣言した日
として知られることになるだろう。

　これは、映画「インデペンデンス・デイ」で、エイリアンの侵攻に苦しむ人類を集めて、
反逆を期すための集会で、大統領がとなえたスピーチの一節になります。**Should we win
the day**は、元々**If we should win the day**が倒置した表現です。実際に、映画「インデペ
ンデンス・デイ」の中でも最も感動するシーンの1つで、まさに**if**節の倒置には、気持ち
の高揚が伴っているのがわかる場面になります。7月4日の独立記念日に、世界の残され
た人類が力を合わせて、エイリアンに立ち向かう瞬間です。単なるアメリカの独立記念日
ではなくて、人類がエイリアンの侵攻を撃退する独立記念日にしようではないかという演
説になります。ちなみにこの英文は、人類が勝つことも想定しているので、厳密には仮定
法の文ではありません。

● if 節 の 倒 置 はwere、had、should が目印になる
- -

　if節の倒置は、**were、had、should**が前に出てくるので、これらが目印になります。

仮定法のif節ではなぜ倒置が起きるか?

Answer ▶ 何らかの気持ちの高揚が伴うと、
倒置が起きる!!

PART | 4

受動態を
Hackする！

受動態をいつ使うか?

英文法の学習で、受動態は一大分野です。読み書きという受動的な英語では理解できるものの、書くこと、話すことという発信的な場面で受動態を使いこなすのは、なかなか難しい技術になるでしょう。よって、具体的に受動態をいつ使うかを説明していきます。まずは、次の例文をご覧ください。

例文
1

My bag was stolen last night.
私のカバンが昨晩盗まれた。

例文1 の「**カバンを盗まれた**」のような何かしらの「**被害**」を受けたときに受動態を好んで使います。次の例文に進みます。

●「被害」を表したいとき

例文
2

The door was broken by my brother.
そのドアは私の兄が壊した。

例文
3

I was fired by the company last year.
私は昨年その会社に解雇された。

例文
4

Many people were killed in the accident.
多くの人がその事故で亡くなった。

例文2 のように「ドアが壊された」、あるいは「窓が割られた」にも、受動態は使いやすい表現です。犯人を強調したいときはby ~と記します。続いて 例文3 のような**be fired**「解雇される」も被害の一種ですし、例文4 のように「**事故や戦争、災害などで亡くなる**」場合も当然「**被害**」と言えるので、**be killed in ~**と受動態を好んで使います。**die**は、老衰や病気などで「亡くなる」場合が多いのに対して、事故や災害などで意に反して亡くなる「**被害**」を表したいときは**受動態が好まれる**のです。次の例文に進みます。

●「ものが主役」のとき

例文 **5**

Many books are sold at that store.
多くの本があの店では売られている。

例文 **6**

My house was built five years ago.
私の家は5年前に建てられた。

例文 **7**

The meeting is going to be held next Monday.
その会議は来週の月曜に開かれる予定です。

受動態が非常によく使われる場合です。例文5 のように「**お店でたくさんの本が売られている**」場合は、誰が売っているかを問題にする必要はないので、**Many books**を主役にして受動態を使います。例文6 のように、「**建物などがいつ建てられたか**」と**My house**を主役にしたいときも受動態を使います。例文7 のような場合も、「**会議**」や「**パーティ**」などを主役にして、「**〜に開催される**」と受動態で表現します。次のグループに進みます。

●「感情」を表したいとき

例文 8

I was **very surprised** at the news.
私はそのニュースにとても驚いた。

例文 9

I was **disappointed** at the company's decision.
私は会社のその決定に落ち込んだ。

例文 10

He is **very satisfied** with your work.
彼はあなたの仕事にとても満足しています。

　これは、日本語とギャップが生まれる表現の1つです。**日本語では感情はひとりでに沸き起こる**ので、「驚く」、「落ち込む」、「満足する」となりますが、**英語では感情は何かしらの原因によって引き起こされる**と考えるので、受動態にして**be surprised**、**be disappointed**、**be satisfied**とします。次が最後のグループです。

●「誕生・結婚」を表したいとき

例文 11

I was **born** in Tokyo and brought up in Sapporo.
私は東京で生まれ札幌で育った。

例文 12

I have **been married** for five years.
私は5年前に結婚した。

　例文11のような「**誕生**」を表す際にも受動態をよく使います。「**どこで生まれたのか**」、「**いつ生まれたのか**」と自分の出生を伝える表現は覚えておくと便利でしょう。なぜ受動態に

するかというと、「**神様により命が授けられた**」と命の誕生を神聖なものとみなしているからかもしれません。

　続いて、例文12 のような「結婚」を表す際も通常**受動態**を好んで使います。**be married「結婚している」**や**get married「結婚する」**のように受動態で使います。これも、「**神様により相手に導かれた**」と結婚を神聖なものとみなすためと考えることも可能でしょうが、詳しくは次の**HACK30**で紹介します。他にも受動態を使う場面は複数ありますが、代表的な場面を覚えておくと、ぼんやりとした受動態の姿が、少し鮮明になることでしょう。

受動態をいつ使うか？

Answer 「**被害**」を表したいとき、「**ものが主役**」のとき、「**感情**」を表したいとき、「**誕生・結婚**」を表したいときなど。

HACK 30 — be married with がダメで be married to になる理由

　私も初めてこれらの表現を見たときは、非常に混乱したものです。「結婚する」という表現を学んだとき、marry、be married to、get married to といくつも登場して面食らった気がします。下の例文をご覧ください。

例文 1

Will you marry me?
私と結婚してくれませんか?

例文 2

I have been married to my wife for ten years.
私は妻と結婚して、10年になる。

例文 3

I got married when I was 35 years old.
私は35歳の時に結婚した。

　特に、**例文1** のように、marryは他動詞だからmarry O 「Oと結婚する」を覚えて、一方で **例文2** のbe married toや、**例文3** のようにget marriedと、受動態でtoが付いた形なども覚えなければいけないと言われて、混乱した記憶があります。

● 受動態は元の能動態から考える

　この表現にかかわらず、**受動態で困ったら元の能動態から考える**という鉄則があります。例えば、**be married to**は、「〜と結婚している」という意味にもかかわらず、**be married with**には決してなりません。この謎を解き明かす際にも、一旦能動態になおして考えていきます。

74

He married his daughter to Mike.
彼は娘をマイクと結婚させた。

　実は、**be married to**は元々marry A to B「AをBに嫁がせる」＝「AをBと結婚させる」という表現でした。その昔、ヨーロッパでも結婚は家同士の問題であり、**父親が娘を男性へと嫁がせる**という考えから、marry A to Bを使っていました。それが時を経て、結婚が個人の自由となり、受動態の型である**be married to**が好まれるようになったのです。marry A to Bを受動態にすると、A be married to B「AはBと結婚させられる」になります。現代において、何によって結婚するかというと、運命の赤い糸ではないですが、「**神様の導きによって**」ということから、by ~は書かずに省略されます。この由来がわかると、**be married with**とは言わずに**be married to**とする理由がはっきりわかるはずです。

　ちなみに、be動詞は状態を表すので、「**結婚している**」には**be married**、**get**は動きを表すので、「**結婚する**」には**get married**や**marry O**を使います。結婚相手を示す場合は、**be married to** や**get married to**とします。

HACK 30

be married withがダメでbe married toになる理由

Answer ▶ ヨーロッパでは結婚は家同士の問題で、元々marry A to B「AをBに嫁がせる」という表現だったのが、結婚が個人の自由になり、神様の導きによってという受動態のA be married to Bで表現するようになったから。

「反対する」になぜopposeとbe opposed toがあるか?

これも、私自身が英語学習の過程で大いに混乱したポイントの1つでした。「〜に反対する」という表現を学ぶ際に、object to、be opposed to、opposeといくつも表現が出てきます。

例文1

My parents objected to my going abroad alone.
私の親は、私が一人で海外に行くことに反対した。

例文2

I oppose racism in all its forms.
私はあらゆる形態の人種差別に反対する。

例文3

They are opposed to building a new airport.
彼らは新しい空港を建設することに反対している。

---

object toは「反対する」というアクションで、色々なものに反対する場面で使用できます。opposeは、object toに比べると強めの反対で、提案、計画や政策などに強く反対するときに使います。be opposed toは「反対している」という状態で、何かの行動を妨げて実行に移させないことを暗示しています。やはり、一番の謎が、opposeという他動詞と、be opposed toという受動態の2つの表現があることでしょう。

● 受動態は元の能動態から考える

やはり、受動態は元々の能動態から考えます。be married toがmarry A to Bという表現から生まれたことを考えると、be opposed toも、oppose A to B「AをBに対抗させる」という表現があるのではと考えます。辞書で調べてみると、やはりoppose A to B「AをB

に対立させる」という表現がありました。受動態にすると、**A be opposed to B**「AがBと対立させられる」とお目当ての**be opposed to**が登場します。

　be opposed toの方が受動態である分、能動態の**oppose**に比べると反対の意味合いがやや弱い印象を受けますが、実際には両者の区別はあいまいで、双方に「そのことが起きないように強く反対する」というニュアンスがあります。**be opposed to**が「反対している」という状態で、**oppose**が「反対する」というアクションと区別すれば良いでしょう。最後の例文をご覧ください。

> **例文 4**
>
> # I am against the plan.
> ## 私は、その計画に反対だ。

　実は、「〜に反対だ」を英語で表したいときは、シンプルに**be against**を使えばいいのです。ただし、強い意見になってしまうので、**I don't agree with ~.**や**I don't like ~.**という表現の方が少し柔らかい表現になるでしょう。

HACK 31

「反対する」になぜopposeとbe opposed toがあるか？

Answer oppose A to B「AをBに対立させる」の
受動態が、A be opposed to Bになるから。

HACK 32 Your book reads well. は 能動態 or 受動態?

まずは、以下の例文からご覧ください。

例文 1

Your report reads well.
あなたのレポートはよくできている。

この例文を見たとき、少し違和感を覚えるはずです。**read**の目的語にあたる**Your report**がなぜ主語に来ているのだろうと。この文は一見すると**能動態のようですが、受動態の意味にもなっています**。本来、**read**は以下の例文のように使うものとなります。

例文 2

I read the book yesterday.
私は昨日その本を読んだ。

人が主語で、目的語に読む対象が来るのが通常です。ところが、 **例文1** のように、読む対象が主語に来て、目的語に何も置かない用法があるのです。このような文は、一見すると**能動態のようで、受動態の意味にもなっている**ことから、**能動受動態**と呼ばれています。ちなみに、**read**が能動受動態で使われると、読み物が主語に来て、目的語は置かずに「読める」となります。他の例文も見ていきましょう。

例文 3

Umbrellas sell well on a rainy day.
雨の日に傘がよく売れる。

この文も、最初に見ると違和感を覚えるでしょう。**sell**も通常は、次の例文のように使

います。

> **例文 4**

I sold my car yesterday.
私は昨日車を売った。

　通常は、人を主語にとり、目的語に売る対象を置いて表現します。しかし、**例文3** のように、**売るものが主語に来て目的語を取らないこともあり、これも、能動受動態**です。ちなみに、**sell**が能動受動態で使われると、売り物が主語に来て、目的語は置かずに「売れる」となります。最後の例文です。

> **例文 5**

This knife cuts well.
このナイフはよく切れる。

　cutは通常「〜を切る」と使いますが、**能動受動態で使うと、道具を主語に置いて「切れる」**となります。**例文1** 、**例文3** 、**例文5** から、能動受動態の共通点が見えてきませんか。そうです、たいていは**様態を表す副詞のwell「よく」などを伴う**のが普通です。

HACK 32

Your book reads well.は能動態 or 受動態?

Answer 能動受動態。read「読める」／
sell「売れる」／ cut「切れる」などと、
副詞のwell「よく」を伴うのが普通。

PART | 5

不定詞を
Hack する！

It is 形容詞 for 人 to do. と It is 形容詞 of 人 to do. の違い

まずは、形式主語のitを使った例文をご覧ください。

● 形式主語のitと不定詞の名詞的用法「〜すること」

It is impossible for me to finish this work alone.
私がこの仕事を一人で終えるのは不可能だ。

Itが形式主語のitで、to以下を指しています。to以下は**不定詞の名詞的用法**で、「この仕事を一人で終えること」という意味です。

● for me は不定詞の主語

続いて、**for me**は**不定詞の主語**の役割なので、「私がこの仕事を一人で終えること」の意味になり、例文は**for me**と**to finish this work alone**の結びつきが強い文です。続いて、下の文に進みます。

It is kind of you to call me.
電話してくれてありがとう。

例文1 (It is 形容詞 for 人 to do.) の 形容詞 に、人の性格を表す形容詞 (kind「親切だ」、wise「賢い」、stupid「愚かだ」 など) がきたらfor 人からof 人に変わると、あたかもこの2つの文が同じであるかのようによく説明されます。ところが、 例文1 と 例文2 の文は、最初から最後まで何もかも違う文になります。

● 状況のitと不定詞の副詞的用法「判断の根拠」

実は、例文2 のitは**状況のit**です。It's your turn.「あなたの番です」とか、How's it going?「調子はどう?」などのitと同じで、特に日本語には訳しません。次に、to call me は不定詞ですが、名詞的用法ではなく、**副詞的用法の判断の根拠「〜するなんて」**という意味です。

● kind of you で「あなたは親切だ」

最後に、**of you**は、不定詞の主語ではなく、**kind**との結びつきが強い表現です。**主格の of**と言って、**前後を主語と述語の関係で結ぶ働き**です。kind of youとはYou are kind.と同じで「あなたは親切だ」となります。よって、この例文は、「私に電話してくれるなんて、あなたは親切だね」が直訳になります。

まとめると、It is 形容詞 for 人 to do.は、形式主語のit、不定詞の名詞的用法、不定詞の主語が使われている文です。一方で、It is 形容詞 of 人 to do.は、状況のit、不定詞の副詞的用法「判断の根拠」、主格のofが使われている文です。こうして正しい理解ができると、他の文も正しくとらえることができるようになります。例えば日常会話でIt's kind of you.という表現があります。Thank you.を丁寧にした相手への感謝を伝える表現です。これも、Itが状況のitで、kind of youはYou are kind.と同じとわかるので、「あなたは親切だね」=「ありがとう」となるのがわかるはずです。

HACK 33

It is 形容詞 for 人 to do.と
It is 形容詞 of 人 to do.の違い

Answer 最初の文が形式主語のit、不定詞の名詞的用法、
不定詞の主語が使われた文であるのに
対して、後ろの文は状況のit、
不定詞の副詞的用法「判断の根拠」、主格のof。

be to 不定詞 の正体は ○○助動詞？

不定詞の重要項目の1つに、**be to** 不定詞 があります。予定・義務・可能・意志・運命を表すといった用法ですが、**be to** 不定詞 の本質とは何でしょうか。例文で見ていきます。

例文1

She is to arrive tomorrow morning.
彼女は明日の朝到着する予定です。

例文1 は、**be to** 不定詞 の数ある用法の中でも、【予定】を表すものです。**例文1** のように、**tomorrow morning**と**未来を表す副詞**がこの用法のヒントになります。ところで、皆さんが英語でこれから先の【予定】を伝えたいときに、一番先に思い浮かぶ表現は何でしょうか。おそらく、**be going to**ではないかと思います。次に進みます。

例文2

You are not to leave this building.
あなたはこの建物を出てはいけません。

続いて、**be to** 不定詞 の【義務】の用法です。**例文2** のように、2人称の**you**が主語で、否定文の形が多くなります。ここでも、皆さんにとって一番身近な【義務】を意味する英語は何でしょうか。おそらくは、**must**か**should**が出てくるでしょう。次の英文です。

例文3

Her ring was not to be found anywhere.
彼女の指輪はどこにも見つからなかった。

be to 不定詞 の【可能】の用法です。たいていは、**be to be found(seen)** を否定形にした**be not to be found(seen)**「見つからない」という形で使われることが多くなります。同じ質問になりますが、【可能】の意味を英語で表したいときは、何を使いますか？ 真

っ先に思い浮かぶのは、**can**でしょう。続きです。

例文 4

If you are to get promoted, you need to work hard.
あなたは昇進したいのなら、一生懸命働くべきだ。

be to 不定詞 の【意志】の用法です。if節中でbe to 不定詞 が使われると、よくこの用法になります。ここでも、【意志】「〜するつもりだ」を英語で表すときに、何を使いますか？おそらく、多くの人が**will**を使うでしょう。最後の例文です。

例文 5

They were to live happily ever after.
それ以降、彼らはずっと幸せに暮らしましたとさ。

be to 不定詞 の最後の用法である【運命】です。「〜する運命だ」、「その後〜することとなる」という訳になります。 **例文 5** は、**おとぎ話の最後でよく使う決まり文句**で、be to 不定詞 の【運命】の用法です。

● be to 不定詞は万能助動詞

ここまで見てくると、be to 不定詞 の本質が見えてきたはずです。【予定】なら**be going to**、【義務】なら**must**や**should**、【可能】では**can**、【意志】では**will**、【運命】では**shall**に置き換えることができます。be to 不定詞 は一言でいうと、**万能助動詞**といえるでしょう。be to 不定詞 は、文脈により様々な助動詞の役割を果たせる優れものなのです。

HACK 34

be to 不定詞 の正体は○○助動詞？

Answer 文脈により様々な意味になれる万能助動詞。

enough は単語の前に置くか
後ろに置くか?

enoughは、英会話でも大活躍の単語で、例えば「お腹いっぱい」と言うときにも、I've had enough.「もう十分食べたよ」と使えますし、「もううんざり」と言うときにも、Enough of this.などと使うことができます。一方で、以下の例文をご覧ください。

● 形容詞(副詞) enough to do「〜するのに十分なほど 形容詞 」

He was kind enough to show me around.
彼は親切にも私を案内してくれた。

enoughで難しいのがその語順です。特に不定詞とセットで使う表現が頻出で、enoughを修飾する単語の後ろに置くのか、前に置くのかの判断が難しくなります。 例文1 では、kindの後ろに置きます。 形容詞(副詞) enough to doで、頭から訳すと「 形容詞 にも〜する」、後ろから訳すと「〜するほど（十分に） 形容詞 だ」となります。次の例文に進みます。

● enough 名詞 to do「〜するのに十分な 名詞 」

I have enough time to take a vacation.
私には、休暇を取る十分な時間がある。

例文2 のenough 名詞 to do「〜するのに十分な 名詞 」は、名詞の前にenoughを置きます。 例文1 では修飾する単語の後ろにenoughを置いて、 例文2 では修飾する単語の前にenoughを置くということで、何が何だかわからなくなります。

実は、 例文1 と 例文2 のenoughは品詞が異なります。

● enough の品詞には、副詞と形容詞がある

例文1 のenoughは副詞で、副詞のenoughは後ろから形容詞や副詞を修飾します。ちなみに、形容詞(副詞) enough to doのto doは不定詞の副詞的用法で、「〜するのに」と訳して、前の 形容詞(副詞) enoughを修飾します。

一方で、例文2 のenoughは形容詞です。前に置いて後ろの名詞を修飾します。to doは不定詞の形容詞的用法で、前のenough 名詞 を修飾します。最後の例文です。

例文
3

I've had enough.
もうお腹いっぱい。

例文
4

Enough of this.
もううんざりだよ。

冒頭に紹介したこの2つの表現で使われているenoughの品詞は、**名詞になります**。なんと、**enoughには副詞、形容詞、名詞と3つの品詞があるのです**。例文3 は、名詞のenough「十分な量」を食べたから、「お腹いっぱい」の意味になります。何かにうんざりしたときに使う例文4 のEnough of this.は、元々I've had enough of this.のI've hadが省略された文です。しっかりと理解したうえで、例文を暗記して自分のものにしましょう。

HACK
35

enoughは単語の前に置くか後ろに置くか？

Answer **enoughが副詞のときは修飾する単語の後ろ、形容詞のときは修飾する単語の前に置く!!**

possible は人を主語に取れないが impossible は人を主語に取れるか?

possibleは、人を主語に取ることができない形容詞です。例えば、以下の例文をご覧ください。

> **例文 1**
>
> **It is possible for you to finish the job.**
> あなたがその仕事を終えることは可能だ。

possible「可能だ」は、**You are possible.** のように人を主語に取ることはできないので、**It is** 形容詞 **for 人 to do ~.** の構文で使います。人を主語に取って「〜できる」としたい場合は、**be able to** や **be capable of** を使って、以下のように表します。

> **例文 2・3**
>
> **You are able to finish the job.**
> **You are capable of finishing the job.**
> あなたがその仕事を終えることは可能だ。

possibleが人を主語に取れないなら、反対の意味であるimpossibleも人を主語に取れないと類推するのは当然の流れでしょう。例えば、**例文1** にimpossibleを使うと、以下のようになります。

> **例文 4**
>
> **It is impossible for you to finish the job.**
> あなたがその仕事を終えることは不可能だ。

やはり、**You are impossible to finish the job.** という表現は使えないので、**It is** 形容詞 **for 人 to do ~.** の構文を使うか、**be unable to** や **be incapable of** にするしかありません。

一方で、次の英文をご覧ください。

実は、impossibleは、 例文5 のような形で、人を主語に取ることができます。これは、**不定詞の副詞的用法の形容詞修飾**と言われるもので、「〜するのは」という意味で、前の形容詞を修飾します。よって、「仲良くやるのは不可能だ」となります。

● 難易形容詞と不定詞の目的語が欠ける

この用法の特徴は、修飾される形容詞が、**難易形容詞**という難しさや簡単さを意味する単語になることです。例えば、**hard**、**difficult**、**easy**などです。impossibleも「ありえない」から難しさを意味するので、この形容詞の一種になります。そして、 例文5 でも**get along with**の目的語が欠けており、実は主語が元々この不定詞の目的語に相当します。

HACK
36

**possibleは人を主語に取れないが
impossibleは人を主語に取れるか?**

Answer possibleは人を主語に取れないが、
impossibleは不定詞の副詞的用法の
形容詞修飾という用法で、
人を主語に取れる!

不定詞の慣用表現を Hack する！

不定詞の慣用表現を丸暗記せずに、すべて解説していきます。まずは、**All you have to do is (to) do ~.**「～しさえすれば良い」から見ていきましょう。

● All you have to do is (to) do ~.「しなければいけないすべては～だ」

> 例文 **1**
>
> ## All you have to do is (to) do your best.
> あなたは最善を尽くすだけで良い。

all you haveで、 名詞 SVの語順とわかるので、関係詞の省略に気付きます。**all**と**you**の間に関係代名詞の**that**が省略されていると考えれば良いでしょう。**is**の後ろの**to do**は不定詞の名詞的用法「～すること」ですが、**to**は省略されることがあります。

目的語の欠落は、**have**の目的語、**do**の目的語と2通りの考えがありますが、どちらでも良いでしょう。**have**の目的語の欠落ならば「あなたがすべきすべては」、**do**の目的語の欠落ならば「あなたがしなければならないすべては」となり、どちらも義務を伝える文脈には変わりありません。直訳だと「**あなたがしなければならないすべては～することです**」になります。すると、「義務のすべてが～すること」となるので、「～しさえすれば良い」と意訳することができます。「～しさえすれば良い」にたどり着くと、**You have only to do ~.**に言い換えられることがわかります。

● You have only to do ~. は、「しなければいけないのは～だけ」

> 例文 **2**
>
> ## You have only to do your best.
> あなたは最善を尽くすだけで良い。

You have only to do ~.は、have to doとonlyに分けて考えます。すると、「あなたがしなければいけないのは~だけ」となるので、「~しさえすれば良い」になります。もっとも、実際に会話で使う際には、You only have to do~.の語順が多いようです。続いて、have no choice but to do「~せざるをえない」に進みます。

● have no choice but to do は「～する以外に選択肢がない」

I had no choice but to give up smoking.
私はタバコをやめざるをえなかった。

have no choice but to doは、前置詞のbut「~以外」がポイントです。直訳だと「~する以外に選択肢がない」＝「~せざるをえない」になります。上の例文でも、「タバコをやめる以外に選択肢はなかった」＝「タバコをやめざるをえなかった」になります。続いて、to tell the truth「実を言うと」に進みます。

● to tell the truth は「あなたに真実を言うと」

To tell the truth, I don't like that teacher.
実を言うと、あの先生が好きではない。

to tell the truthは、元々to tell you the truthで、tell O₁ O₂の第4文型が使われています。youは話し相手を指しており、書くまでもないので省略されることが多くなります。上の例文でも、「あなたに真実を伝えると」＝「実を言うと」になります。続いて、to be frank with you「率直に言うと」に進みます。

● **to be frank with you** は「あなたに対して率直になると」

例文 **5**

To be frank with you, I don't like that teacher.
率直に言うと、あの先生が好きではない。

to be frank with youは対象のwith「〜に対して」がポイントです。対象のwithには、例えばsympathize with her「彼女に対して同情する」や、be careful with money「金遣いに対して注意する」のような用法があります。to be frank with youで、「あなたに対して率直になると」＝「率直に言うと」で、to tell the truthと近い意味になります。

続いて、to make matters worse「さらに悪いことに」へ進みます。

● **to make matters worse** は「状況をさらに悪くすると」

例文 **6**

It got dark, and to make matters worse, it began to snow.
暗くなってきて、さらに悪いことに、雪も降り始めた。

to make matters worseは、makeの第5文型であるmake O C「OをCにする」とmatters「状況」がポイントです。直訳は「状況をさらに悪くすると」＝「さらに悪いことに」となります。最後に、needless to say「言うまでもないが」を説明します。

● **needless to say** は「言うのに必要はないが」

例文 **7**

Needless to say, he was very angry.
言うまでもないが、彼はとても怒っていた。

needless to sayは不定詞の副詞的用法の形容詞修飾とneedless「必要ない」がポイントです。needless to say「言うのに必要ないが」＝「言うまでもないが」になります。他

にも、**strange to say**「**不思議なことに**」も同じグループで、不定詞の副詞的用法の形容詞修飾が使われているので、「言うには不思議なことだが」＝「不思議なことに」となります。

不定詞の慣用表現をHackする！

● **All you have to do is (to) do ~.**

Answer　「あなたがしなければいけないすべては
　　　　　　 ～することだ」
　　　　　　 ＝「～しさえすれば良い」

● **You have only to do ~. (You only have to do ~.)**

Answer　「あなたがしなければいけないことは～だけ」
　　　　　　 ＝「～しさえすれば良い」

● **have no choice but to do**

Answer　前置詞のbut「～以外」で、
　　　　　　 「～する以外に選択肢がない」
　　　　　　 ＝「～せざるをえない」

● **to tell the truth**

Answer　「あなたに真実を言うと」
　　　　　　 ＝「実を言うと」

● **to be frank with you**

Answer　「あなたに対して率直になると」
　　　　　　 ＝「率直に言うと」

● **to make matters worse**

Answer　makeの第5文型＋matters「状況」
　　　　　　 ⇒「状況をさらに悪くすると」
　　　　　　 ＝「さらに悪いことに」

● **needless to say**「**言うまでもないが**」

Answer　「言うのに必要ないが」
　　　　　　 ＝「言うまでもないが」

PART | 6

動名詞を
Hack する！

不定詞と動名詞をなぜ
区別しなければいけないか?

　英文法の一大テーマに、不定詞と動名詞の区別という項目があります。不定詞の名詞的用法は「〜すること」という意味で名詞のカタマリを作り、文のS・O・Cになることができます。一方で、動名詞も「〜すること」と名詞のカタマリを作り、文のS・O・Cになることができます。不定詞と動名詞は非常に役割が似ているために、両者を区別する必要が出てきます。

　このテーマで厄介なのが、不定詞と動名詞の両方を目的語に取れる動詞、動名詞しか目的語に取れない動詞、そして不定詞しか目的語に取れない動詞と、3つのカテゴリーに分けて学ばなければいけないことです。

　では、最初のカテゴリーである不定詞と動名詞の両方を目的語に取れる動詞を見ていきましょう。

● 不定詞は未来志向 ⇔ 動名詞は過去志向

例文
1

Remember to email him.
彼に忘れずにメールをしておいて。

例文
2

I remember seeing you somewhere.
私はどこかであなたとお会いしたのを覚えています。

　まずは、**remember**が目的語に不定詞と動名詞の両方を取れることを覚えます。不定詞は**to ＋ 動詞の原形**で表しますが、**to**が矢印のイメージで「これから先」を意味するので、「(これから)〜すること」と未来志向(未来のイメージ)になります。よって、**remember to do**「(これから)〜することを覚えている」となり、例文のように命令文で使って、「これか

らあなたがやるべき義務を覚えておいて」という文脈で使います。

　一方で、動名詞は不定詞と逆で、**過去志向**（過去のイメージ）になります。よって、**remember doing**は、例文のように「**（過去に）～したことを覚えている**」になります。次の例文に進みます。

● forget も不定詞と動名詞の両方を目的語に取れる

> **例文 3**
>
> **Don't forget to lock the door.**
> ドアに鍵をかけるのを忘れないで。

> **例文 4**
>
> **I'll never forget visiting Hawaii last year.**
> 昨年ハワイに行ったことを決して忘れないでしょう。

　次に、**remember**「覚えている」の反対の**forget**「忘れる」も不定詞と動名詞の両方を目的語に取れることをおさえます。不定詞の未来志向と動名詞の過去志向は同じなので、**forget to doは、不定詞が未来志向であることから「（これから）～することを忘れる」**です。たいていは、**例文3**のように**Don't forget to do ~.**「**～することを忘れないで**」と否定の命令文で使用します。

　続いて、**forget doing**は、**動名詞が過去志向であることから「（過去に）～したことを忘れる」**です。**例文4**のように、否定文で「**過去に～したことを忘れない**」と否定の文脈でよく使います。

　ここまでをまとめると、**不定詞の名詞的用法と動名詞は役割が似ているので、区別して使う必要があります。**動詞によって、**不定詞と動名詞の両方を目的語に取れるもの、動名詞しか目的語に取れないもの、不定詞しか目的語に取れないもの**の3種類があるので、3段階で学習する必要があることを学びました。

　そして、**不定詞と動名詞の両方を目的語に取れる動詞**の代表例が、**rememberとforget**

であること、**不定詞は、to**の矢印のイメージから**未来志向**の「(これから) **~すること**」、**動名詞**は過去志向の「(今までに) **~したこと**」のイメージがあることを学びました。そこから、**remember to do**は「(これから) **~することを覚えている**」という義務を意味するので命令文で「~するのを覚えておいて」という文脈でよく使われること、**remember doing**は「(今までに) **~したことを覚えている**」という記憶を意味する表現であることを学びました。

そして、**forget to do**は「(これから) **~することを忘れる**」なので、**Don't forget to do ~.**「(これから) ~することを忘れないで」と義務を伝える文脈でよく使われます。そして**forget doing**は「**~したことを忘れる**」で、否定文で「~したことを決して忘れないでしょう」という文脈でよく使われることを学びました。

HACK 38

不定詞と動名詞をなぜ区別しなければいけないか？

Answer 不定詞の名詞的用法と動名詞が、「~すること」という訳や、文のS・O・Cになれるという役割の点で似ているから。

Nice to meet you. と Nice meeting you. をいつ使うか?

Nice to meet you.は、初対面の挨拶で非常に使いやすいので、おすすめの表現です。to meetは不定詞の名詞的用法で、「〜すること」の意味です。この表現は形式主語のitが省略されていて、元々は以下のような表現になります。

例文 1

(It is) Nice to meet you.
お会いできて嬉しいです。

形式主語のitを用いて、「あなたと会うことは嬉しいです」=「お会いできて嬉しいです」となります。一方で、次の例文をご覧ください。

例文 2

Nice to see you.
お会いできて嬉しいです。

Nice to meet you.と同じ構造で、形式主語のitが省略された表現で、to seeは不定詞の名詞的用法です。meetは初対面のときに使います。一方で、seeはすでに会ったことのある相手に使います。よって、初対面のときはNice to meet you.、2回目以降はNice to see you.と自信をもって使い分けてみてください。次の例文に進みます。

例文 3

Nice meeting you.
お会いできて嬉しいです。

例文1のNice to meet you.が、動名詞になったのがNice meeting you.です。ここでも、

HACK38で紹介した**不定詞の未来志向と動名詞の過去志向**の理解が生きてきます。**Nice meeting you.**は、動名詞なので、初対面で会って簡単に話をして、その帰りがけに使う挨拶になります。構造自体は**Nice to meet you.**と同じで、形式主語の**it**と**is**が省略されていて、形式主語の**it**が動名詞の代わりになる表現です。

例文 **3'**

(It is) Nice meeting you.

最後にクイズです。

Q. いつ使う表現？
Nice seeing you.
① 2回目以降の出会いの最初
② 2回目以降の出会いの別れ際

まずは、**see**を使っているので、2回目以降の出会いとわかります。続いて、**seeing**は動名詞なので、別れ際に使う表現とわかり、**②**が正解です。

HACK **39**

Nice to meet you.とNice meeting you.をいつ使うか？

Answer Nice to meet you.は初対面の出会いがしら、Nice meeting you.は初対面の別れ際に使う。Nice to see you.は2回目以降の出会いがしら、Nice seeing you.は2回目以降の別れ際に使う！！

HACK 40 動名詞しか目的語に取れない動詞に共通点はあるか?

HACK38で、不定詞の時間的イメージは未来、動名詞の時間的イメージは過去と説明しました。では、以下のクイズの答えを考えてみてください。

> **Q.** 次の空所に適切な表現を以下の選択肢から選びなさい。
>
> **My hobby is (　　　　　) pictures of cats and dogs.**
>
> 私の趣味は、猫や犬の写真を撮ることです。
>
> ❶ to take　　　❷ taking

今までの説明の**不定詞が未来のイメージ**、**動名詞が過去のイメージ**だけでは、この問題を解くことができないはずです。なぜなら**「趣味」**とは、**「現在進行中」**のものだからです。では、「現在進行中」の内容を、準動詞（不定詞や動名詞などの動詞に準ずる品詞）で表す際にはどうしたら良いか。答えは、下の例文がカギを握っています。

例文 1

I am taking a walk in the park now.
私は、今公園を散歩している最中です。

この例文は、現在進行形といわれる表現です。厳密にいうと、この**taking**は現在分詞なのですが、あくまで文法的分類があるだけで、形は動名詞と同じものになります。よって、**「現在進行中」を準動詞で表す際には動名詞を使えばいい**ことがわかります。クイズの正解は**❷**になります。**趣味を伝えたいときは、「進行中」の内容なので、動名詞を使う**とおさえておきましょう。動名詞の**「現在進行中」**のイメージがつかめると、動名詞を目的語に取れる動詞が芋づる式につながっていきます。準動詞と時間的イメージの関係を整理します。

過去	進行中	未来
動名詞(doing)	動名詞(doing)	不定詞(to do)

以下の例文をご覧ください。

●【進行中】は動名詞で表す

例文
2

I enjoyed being with you.
ご一緒できて楽しかったです。

例文
3

You have to practice parking.
あなたは駐車の練習をしなければならない。

enjoy doing「〜して楽しむ」は、「〜して」という行為が進行中なので、動名詞を目的語に取ります。例文2 も enjoyed「楽しんだ」と being with you「あなたといること」は同時に進行中です。続いて、practice doing「〜するのを練習する」も、「〜する」が進行中なので動名詞を目的語にとります。例文3 でも、practice「練習する」と parking「駐車する」は同時に進行中の内容です。次の例文に進みます。

●【頭の中で】進行中も動名詞

例文
4

I'm considering starting a business.
私は事業を始めようかと考えている。

例文
5

I cannot imagine living in that country.
私はその国での生活が想像できない。

consider doing 「～するのを考える」と頭の中で進行中の内容も動名詞を使います。例文4 でも、「事業を始める」イメージが、頭の中で進行中とわかります。続いて、imagine doing 「～するのを想像する」も、頭の中で進行中なので、動名詞を使います。次の例文です。

● 進行中の行為を【中断する】場合も動名詞

例文 6

I gave up drinking alcohol last year.
私は昨年お酒を飲むのをやめた。

例文 7

I finished writing a report yesterday.
私は昨日報告書を書き終えた。

例文 8

It stopped raining an hour ago.
雨は1時間前に降りやんだ。

例文6 のgive upは「あきらめる」ではなくて、「やめる」の意味です。「お酒を飲んでいる」のを「やめる」と「進行中のことをやめる」ことがわかります。give up doing 「～するのをやめる」で覚えておきましょう。例文7 も、「書いている」という進行中の行為を「やめる」ので、finish doing 「～しているのを終える」と動名詞を使います。
例文8 も、stop doing 「～しているのをやめる」で、進行中の出来事なので動名詞を使います。次のグループに進みます。

● 進行中の行為を【避ける】場合も動名詞

例文 9

I barely escaped being hit by a car.
私はかろうじて車にひかれるのをまぬがれた。

例文10 You should avoid asking trivial questions.
あなたはつまらない質問をするのを避けるべきだ。

例文11 Would you mind moving to the next chair?
隣の椅子に移ってくださいますか。

escape doing「～するのを逃れる」で、「～する」は進行中なので、動名詞を目的語にとります。 **例文9** でも、「まさに進行中だった車にひかれる危険を、かろうじて逃れた」ことがわかります。続いて、**avoid doing**「～するのを避ける」も、やはり進行中なので**動名詞を目的語にとります**。 **例文10** でも、「やりかけていた質問をする行為を避ける」ということなので、動名詞を使います。最後の **例文11** mind doing「～するのを気にする」も、「～する」と「気にする」は同時進行なので動名詞を使います。

　ちなみに、**Would you mind doing ~?**「～するのを気にしますか」＝「～していただけませんか」は、相手の承認を当然のように求める文脈で使います。 **例文11** も、「通常は席を譲ってくれるだろう」という状況で使う表現です。

HACK 40　動名詞しか目的語に取れない動詞に共通点はあるか？

Answer
- ●「進行中」のことは動名詞を使う
  （enjoy ／ practiceなど）
- ●【頭の中で】進行中も動名詞
  （consider ／ imagineなど）
- ●進行中のことを【やめる】場合も動名詞
  （give up ／ finish ／ stopなど）
- ●進行中のことを【避ける】場合も動名詞
  （escape ／ avoid ／ mind）

不定詞しか目的語に取れない動詞に共通点はあるか?

HACK 41

　動名詞しか目的語に取れない動詞が、動名詞の【進行中】のイメージですべてつながったように、不定詞は元々の【未来志向】だけで、すべて説明がつきます。いずれも、「これから〜すること」の意味になります。例文を見ていきましょう。

●不定詞は「これから〜すること」に使う

> 例文1
>
> **I'm planning to go there next week.**
> 来週そこへ行くつもりだ。

> 例文2
>
> **I promised to meet her at seven.**
> 私は彼女と7時に会う約束をしている。

　例文1 のように、plan「計画する」の目的語は、「これからやること」なので不定詞を使います。例文2 のpromise「約束する」の目的語も、「これからやること」なので不定詞を使います。それぞれplan to do、promise to doと覚えておきましょう。次のグループに進みます。

●これからの【決意】にも不定詞を使う

> 例文3
>
> **I decided to quit my company.**
> 私は会社を辞めることに決めた。

> **例文 4**
>
> ## He refuses to talk about his family.
> 彼は自分の家族について話したがらない。

> **例文 5**
>
> ## Don't hesitate to ask me.
> 遠慮なく私に尋ねてください。

　次に、**例文3**のdecide「決める」のような「決意」の動詞も「これからやること」を決めるので、目的語に不定詞を取ります。**例文4**のrefuse「拒絶する」も「これからやらないことに決める」という意味なので、目的語に不定詞を使います。**例文5**のhesitate「躊躇する」も「これからやるかを決めかねている」という意味なので、目的語に不定詞を使います。**Don't hesitate to do ~.**「～することを躊躇しないで」＝「遠慮せず～してください」という意味でよく使われるので、おさえておきましょう。それぞれ**decide to do**、**refuse to do**、**hesitate to do**で覚えておきましょう。次の例文に進みます。

● これからの【願望】にも不定詞を使う

> **例文 6**
>
> ## I hope to see you tomorrow.
> 明日お会いしましょう。

> **例文 7**
>
> ## I would like to sit here.
> ここに座りたいのですが。

> **例文 8**
>
> ## I wish to see your boss.
> あなたの上司にお会いしたいのですが。

「これから何かをやりたい」という「願望」を表す文脈でも目的語に不定詞を使います。

例文6 のようなhope「希望する」、want「望む」や、wantを丁寧にした 例文7 のwould likeも目的語に不定詞を使います。他にも、例文8 のようなwish「望む」も目的語に不定詞を使います。want ⇒ would like ⇒ wishの順に、より丁寧な表現になります。

不定詞しか目的語に取れない動詞に共通点はあるか？

HACK
41

Answer
●未来志向「これから〜すること」
  には不定詞を使う（plan／promise）
●これからの「決意」
  （decide／refuse／hesitate）
●これからの「願望」
  （hope／want（would like）／wish）

動名詞の慣用表現を Hack する！

動名詞の慣用表現を、すべて丸暗記なしでHackしていきます。まずは、ことわざでも使われるIt is no use doing ~.「～しても無駄だ」を見ていきます。

● It is no use doing ~. はitがdoing 以下を指す形式主語

例文 1

It is no use crying over spilt milk.
覆水盆（ふくすいぼん）に返らず。

It is no use doing ~.は、**It**が**形式主語**で、動名詞の**doing ~**を指していることがポイントです。形式主語の**it**は、不定詞や**that**節の代わりをすることが多いですが、動名詞の代わりをすることもできます。続いて、**use**が名詞で使われていて「**役に立つこと**」の意味です。**no**で打ち消して「役に立たないこと」となります。上の例文はことわざですが、直訳すると、「こぼれたミルクを嘆くのは意味がないことだ」＝「覆水盆に返らず」になります。日本語では、お盆から落ちた水はもう二度と返ってこないということから、過ぎたことを後悔してもしょうがないという意味になります。**spill**「こぼす」の過去分詞**spilt**「こぼした」が**milk**を修飾していることに注意しましょう。続いて、**It goes without saying that ~.「～は言うまでもない」**に進みます。

● It goes without saying that ~. は「～に触れなくても状況は進む」

例文 2

It goes without saying that he is an excellent worker.
彼の仕事が素晴らしいことは言うまでもない。

It goes without saying that ~.は、**It**が**状況のit**を表す文です。**goes**と合わさって、「**状況**

は問題なく進む」の意味です。あとは、**without saying that ~**「〜を言わずとも」です。よって、「〜を言わずとも状況は問題なく進む」＝「〜は言うまでもない」になります。次に、**when it comes to doing**「〜することになると」に進みます。

● when it comes to doing は「話題が〜にやって来ると」

- -

When it comes to entertaining children, I am totally useless.
子供を楽しませることになると、私はまるで駄目だ。

when it comes to doingは、itが話題を指します。「それがdoingにやって来ると」が直訳です。上の例文でも、「話題が子供を楽しませることにやって来ると」＝「子どもを楽しませることになると」となります。次に**There is no doing ~.**「〜できない」です。

● There is no doing ~. は元々 There is no way of doing ~.

- -

There is no accounting for tastes.
蓼（たで）食う虫も好き好き。

There is no doing ~.は、元々There is no way of doing ~.で、「〜する方法などまったくない」＝「〜できない」になります。上の例文は、**account for**「説明する」と**tastes**「人の好み」で、「人の好みを説明することはできない」＝「蓼食う虫も好き好き」になります。蓼とは植物の一種で、苦い葉っぱなので、そうしたものを好んで食べる虫もいることから、人の好みを説明できないことを表すことわざになります。

続いて、**feel like doing**「〜したい気分だ」に進みます。

● feel like doing は「〜のように感じる」＝「〜したい気がする」

<table>
<tr><td>例文
5</td><td>**I feel like crying.**
私は泣きたい気分だ。</td></tr>
</table>

feel like doingは**前置詞のlike「〜のように」**がポイントです。「〜するように感じる」＝「〜したい気がする」になります。前置詞のlikeなので後ろに名詞が来て、**I feel like dance.「踊りたい気分だ」**のような表現も可能です。さらに、**like**が接続詞となって、**I feel like I have met you before.「あなたに会ったことがある気がする」**のように使うことも可能です。続いて、**be worth doing「〜する価値がある」**に進みます。

● be worth doing はworth が前置詞

<table>
<tr><td>例文
6</td><td>**The museum is worth visiting.**
その博物館は訪れる価値がある。</td></tr>
</table>

be worth doingは**worth**が前置詞で「〜の価値がある」という表現であることがポイントです。**worth**が前置詞なので、後ろに動名詞や名詞を置くことが可能です。続いて、**on doing「〜するとすぐに」**です。

● on doing はon が「接触」の意味

<table>
<tr><td>例文
7</td><td>**On arriving at the station, I called her.**
駅に着くとすぐに、私は彼女に電話した。</td></tr>
</table>

on doing「〜するとすぐに」は、**on**が「接触」の意味なので、2つの行為を接触させる働きがあります。上の例文だと、**arriving at the station**と**I called her**を接触させるので「駅

に着くとすぐに、私は彼女に電話した」となります。**upon doing**となっても、ほぼ同じ意味になります。**in doing**になると、範囲がもう少し広がるので「**～する際に**」となります。続いて、**What do you say to doing?**「**～はどうですか**」に進みます。

● What do you say to doing? は「～することに何と言いますか?」

例文 8	**What do you say to going out for a meal?** 食事に出かけようか?

What do you say to doing?は、直訳すると、「**あなたは～することに何と言いますか**」で、相手に提案や勧誘をしている丁寧な表現になります。例文でも、「食事に出かけることに対して、あなたは何と言いますか?」、賛成ですか、反対ですか?と勧誘する表現になります。最後が、**What about doing?**「**～はどうですか**」で、**What do you say to doing?**のもっと砕けた勧誘表現になります。

● What about doing? は、元々What do you think about doing?

例文 9	**What about taking a coffee break?** コーヒーブレイクを取りませんか?

What about doing?「**～はどうですか**」は、元々**What do you think about doing?**「**あなたは～することをどう思いますか?**」という勧誘の表現になります。ちなみに、**How about doing?**も同じ意味です。こちらは元々**How do you feel about doing?**「**あなたは～することをどう感じますか?**」」にあたります。

HACK 42

動名詞の慣用表現をHackする！

●It is no use doing.

Answer 形式主語のitと名詞のuse「役に立つこと」

●It goes without saying that ~.

Answer ～を言わずに状況は問題なく進む

●when it comes to doing

Answer 話題が～にやって来ると

●There is no doing ~.

Answer 元々はThere is no way of doing ~.

●feel like doing

Answer likeが前置詞「～のように」

●be worth doing

Answer worthが前置詞「～の価値がある」

●on doing「～するとすぐに」

Answer onがある行為とある行為を接触させる

●What do you say to doing?

Answer 「～することに何と言いますか?」

●What about doing?

Answer 元々はWhat do you think about doing?

●How about doing?

Answer 元々はHow do you feel about doing?

PART | 7

分詞を
Hackする！

動名詞のdoingと現在分詞のdoingは別のものか?

英文法の学習で厄介なのが、同じdoingでも、動名詞であったり、現在分詞であったり、ときに分詞構文で使われることです。なぜ同じdoingなのに、ときに動名詞になり、ときに現在分詞になるのか。実は、その違和感は正しいものになります。まずは、以下の例文をご覧ください。

例文
1
I like to read.
私は本を読むことが好きだ。

例文
2
I want something to read.
私は何か読むものがほしい。

例文
3
I went to a library to read books.
本を読むために図書館に行った。

例文1 〜 例文3 は、不定詞を使った例文です。例文1 は名詞的用法、例文2 は形容詞的用法、例文3 は副詞的用法です。不定詞はto doで表すので、例文1 はto doを名詞として使う、例文2 はto doを形容詞として使う、例文3 はto doを副詞として使う用法といえるでしょう。

次の例文をご覧ください。

<table>
<tr><td>例文
4</td><td>**I like walking in the park.**
私は公園を散歩するのが好きだ。</td></tr>
<tr><td>例文
5</td><td>**The man walking his dog is my brother.**
犬を散歩させているのは、私の兄です。</td></tr>
<tr><td>例文
6</td><td>**Walking along the street, I came across my old friend.**
通りを歩いていると、旧友にばったりと出会った。</td></tr>
</table>

例文4 のwalkingは動名詞で、parkまでの名詞のカタマリを作っています。例文5 のwalkingは現在分詞で、walking his dogが形容詞の役割として、The manを修飾します。例文6 のWalkingは現在分詞で、分詞構文を作り副詞の働きをして、動詞のcame acrossを修飾します。

ここで、to doを名詞的用法、形容詞的用法、副詞的用法として使うことができるなら、doingも名詞的、形容詞的、副詞的に使えるのではと考えてみます。するとどうでしょう。一見すると、ばらばらに見えていた動名詞、現在分詞、分詞構文とは、doingを名詞的に使ったのが動名詞、形容詞的に使ったのが現在分詞、副詞的に使ったのが分詞構文ととらえることができるでしょう。

動名詞のdoingと現在分詞のdoingは別のものか?

Answer doingを名詞的に使うのが動名詞、形容詞的に使うのが現在分詞、副詞的に使うのが分詞構文。

a sleeping bag の sleeping は動名詞か現在分詞か？

a sleeping bagは「寝袋」という意味の語句ですが、このsleepingが動名詞なのか現在分詞なのかという疑問があります。以下の用法をご覧ください。

例
1
a sleeping baby
眠っている赤ん坊

例
2
a sleeping bag
寝袋

　例えば、**例1**は、「赤ん坊が眠っている」という名詞と**doingが能動かつ進行の関係**なので、**sleeping**は現在分詞になります。一方で、**例2**は現在分詞で訳そうとすると、「眠っている袋」になります。**例1**のような能動関係は成り立たないので、**例2**の**sleepingは動名詞**になります。では、この動名詞はどんな役割を果たしているのでしょうか。

● 修飾する名詞の目的や用途を表す場合は動名詞

　現在分詞のように訳しておかしい場合は、動名詞の可能性を考えてみてください。実は、**修飾する名詞の目的や用途を表す場合は、動名詞**になります。**a sleeping bag**では、**sleepingはbagの用途**になるので、**動名詞**になります。**用途を意識して「眠るための袋」**＝**「寝袋」**と考えます。続けて、他の表現を見ていきましょう。

例
3
a waiting room
待合室

例 4	**a dining room** 食堂

例 5	**a sewing machine** ミシン

例3 〜例5 については、すべて現在分詞で「待っている部屋」、「食べている部屋」、「縫っている機械」と解釈しては、意味が通じません。例3 から見ていくと、「待っている部屋」ではなくて「**待つための部屋**」＝「**待合室**」です。**動名詞で名詞の用途を表す際には、「〜ための**」という意味になります。続いて、例4 は「食べている部屋」ではなくて、「**食べるための部屋**」＝「**食堂**」になります。最後に例5 は「縫っている機械」ではなくて、「**縫うための機械**」＝「**ミシン**」になります。ちなみに、「ミシン」は、machineをネイティブが発音した際に、日本人に「ミシン」と聞こえたことが由来のようです。現代でもカタカナで表すと「マシン」となり、「ミシン」に近い表記になります。

a sleeping bagのsleepingは動名詞か現在分詞か？

Answer sleepingは動名詞。
動名詞は修飾する名詞の用途を表して、
「〜ための」という意味を表すことができる。

なぜ developed countries が「先進国」で fallen leaves が「落ち葉」になるか?

　私自身の英語学習の中でも、「分詞」という分野が非常に苦手だったように思います。一方で、わかれば英語の世界が一気に開けてくる分野でもあります。英語学習を進めてしばらくしても、上記の見出しのような問題すらしっかりと理解できませんでした。受験の英文法では、4択の問題を解く技術ばかりが求められて、以下の知識しかなかったことが原因でした。

> ### 現在分詞は「能動」⇔ 過去分詞は「受動」

　上の図式に当てはめると、**developed countries**「発展させられた国」、**fallen leaves**「落とされた葉」と何とも奇妙な表現になってしまいます。確かに上記の理解は重要ですが、**過去分詞**には「**受動（〜れる・られる）**」に加えて、「**完了（〜した）**」の意味があるのです。すると、**developed countries**は「発達した国」＝「**先進国**」で、**fallen leaves**は「落ちた葉」＝「**落ち葉**」になるのです。ちなみに、**fall**「落ちる」のように、**自動詞の過去分詞**は完了の意味で使われます。一方で、次の表現をご覧ください。

**例
1**

the broken window
割れた窓

**例
2**

a stolen car
盗難車

　例1 の**the broken window**は、**break**「壊す、割る」の過去分詞の**broken**が使われているので、**受動の意味**になり**the broken window**「**割れた窓**」になります。

次に、**例2**の **a stolen car** は、**steal**「盗む」の過去分詞である**stolen**が使われているので、**受動の意味**になり「**盗まれた車**」＝「**盗難車**」になります。ここで少し考えてもらいたいのですが、はたして、**この2つの表現の過去分詞には、「受動」の意味しかないのでしょうか**。

●「受動」と「完了」の意味が合わさった過去分詞

例1は、「割れている窓」というより「**割れた窓**」です。**例2**は、「盗まれている車」ではなく「**盗まれた車**」になります。**受動の意味に加えて完了の意味**も含まれています。次の表現に進みましょう。

例 3	**the sleeping baby** 眠っている赤ん坊
例 4	**a running dog** 走っている犬

例3、**例4**はそれぞれ「眠っている赤ん坊」、「走っている犬」と、**能動の意味**は確かに含まれています。しかし、注目すべきは「**〜している**」という**進行の意味**でしょう。過去分詞と同様に、**現在分詞でも能動の意味に加えて進行の意味が含まれている**ことがあります。

HACK 45

なぜ developed countries が「先進国」で
fallen leaves が「落ち葉」になるか？

Answer developed「発達した」、fallen「落ちた」と
完了の意味で使われているから！

関係詞を
Hack する！

関係代名詞はどんな品詞か?

　最初に関係代名詞が登場したとき、誰もが戸惑ったことでしょう。そのネーミングからは、どんな役割を果たすかが全く想像できなかったはずです。ともすると、多くの英語学習者が、関係代名詞の働きを詳しく知らないまま、後ろが完全だの、不完全だのばかりを習ってきたように思います。良い機会なので、一度立ち止まって考えていきましょう。次の問題をご覧ください。

Q. 次の空所に適切な1語を入れなさい。

I have a friend and he lives in Tokyo.
= I have a friend (　　　　　) lives in Tokyo.

私には友人がいる、そして彼は東京に住んでいる。

　正解は、**関係代名詞のwho**が入ります。この問題が解けると、関係代名詞の役割が見えてくるものです。**and**と**he**は接続詞と人称代名詞です。**andとheがwho1語に置き換えられる**ということから、**関係代名詞は接続詞と代名詞の役割を1語で果たせる優れモノ**だとわかります。関係代名詞とは、機能面だけを考えると、接続代名詞と言っても良いのかもしれません。ちなみに、**関係副詞のwhenやwhereなどは、接続詞と副詞の役割を兼ねる接続副詞**と言っても差し支えないでしょう。そして、この理屈がわかると、関係代名詞の前にカンマを置く**非制限用法**の理解に役立ちます。以下の例文をご覧ください。

例文1

I like the muffins, which are sold at that store.
私はそのマフィンが好きで、(そしてそれは)あの店で売っています。

例文2

I have a friend, who works as a violinist.
私には友人がいて、(そしてその人は)
バイオリニストをしている。

　先に説明した通り、関係代名詞＝接続詞＋代名詞なので、それを意識すると、 **例文1** の,whichは「**そしてそれは**」、 **例文2** の,whoは「**そしてその人は**」とします。日本語に訳さない方がきれいな訳になることが多くなります。続いて、関係副詞＝接続詞＋副詞なので、 **例文3** ,whenは「**そしてその時**」、 **例文4** ,whereは「**そしてそこで**」とします。以上が、関係代名詞、関係副詞、そして関係詞の非制限用法のカラクリでした。

関係代名詞はどんな品詞か？

HACK 46

Answer 接続詞と代名詞の役割を1語で兼ねている品詞。関係副詞は接続詞と副詞を1語で兼ねている品詞。

関係代名詞のwhatには
なぜ先行詞がないか?

　関係代名詞を学習している際に、whichやwhoなどの関係代名詞は、形容詞のカタマリを作って、前の名詞を説明すると習いました。しかし、whatは名詞節を作り、「〜こと」の意味になるので覚えなさいという説明を受けたはずです。極めつけは、他の関係代名詞と異なり、whatには先行詞（関係詞の前にある名詞）が文中にないと教わります。一体これはどういうことか。理屈を学んだ上で、例文を暗記していきましょう。

例文
1

I didn't understand what he said.
私には彼が言ったことがわからなかった。

例文
2

I have a friend who is a doctor.
私には医者の友達がいる。

　例文1 では、関係代名詞のwhatがsaidまでの名詞のカタマリを作り、先行詞はありません。**what he said**で「彼が言ったこと」になります。一方で、**例文2** のwhoは通常の関係代名詞で、形容詞のカタマリを作り、前にある先行詞のa friendを説明します。これは、一体どういうことでしょうか。

● what = the things which

　上記の謎を解くカギは、**what = the things which**ということです。よく**whatは先行詞を中に含む**といわれますが、この記述では理解できない人がほとんどでしょう。
　どういうことかを説明していきます。次の2文をご覧ください。

例文 1'
I didn't understand the things which **he said.**
= I didn't understand what **he said.**

　上の関係性を見ていただくと、少しわかってくるでしょうか。要は、元々先行詞が**the things**で、関係代名詞の**which**を使った文だったのです。この**which**は当然形容詞のカタマリを作って、前にある先行詞の**the things**を説明します。**the things which**なので、**当然訳は「〜こと」になります**。**the things which**が頻出の表現なので、1語でまとめたのが**what**です。よって、当然先行詞は文中に現れません。

● what の後ろは不完全文

例文 3
I believe what **you told me.**
私は、あなたが語ったことを信じている。

　最後に、**関係代名詞のwhatの後ろは不完全文**（名詞が欠けている文）になります。元々は**the things which**なわけですから、不完全文になるのは当然とわかるでしょう。 例文3 でも、**what you told me**「あなたが語ったこと」という名詞のカタマリを作って、**tell O_1 O_2**「O_1にO_2を伝える」のO_2にあたる名詞が欠けています。

関係代名詞のwhatにはなぜ先行詞がないか？

HACK
47

Answer　whatは元々the things whichを1語でまとめたものだから。

複合関係詞はなぜ「〜する
どんな 名詞 でも」の意味になるか?

　複合関係詞は、whoever「〜する人は誰でも」などのように、関係詞にeverが付いて、「〜する 名詞 はどんな 名詞 でも」となる単語です。関係代名詞、関係副詞と順に学んできて、複合関係詞が出てくると、これまた複雑な文法だと感じる人も多いでしょう。以下の2つの例文を比べながら、複合関係詞の本質に迫っていきましょう。

例文1
These are the people who work for my company.
こちらは私の会社で働いている人たちです。

例文2
I will take whoever wants to go.
行きたい人は誰でも連れて行くよ。

　例文1 は、関係代名詞の**who**から形容詞のカタマリを作って、先行詞である**the people**を説明します。一方で 例文2 は、**whoever wants to go**で「**行きたい人は誰でも**」になります。先行詞はありません。この違いは、一体どういうことでしょうか。

● whoever ＝ anyone who

　実は、複合関係詞も、**what**と同様に先行詞を中に含んでおり、**whoever ＝ anyone who**なのです。**any**は肯定文で使われると「どんな〜でも」となるので、**anyone who**「〜する人はどんな人でも」＝「〜する人は誰でも」となります。この説明だけでは、いまいちピンとこない方もいると思うので、次の2文をご覧ください。

例文 2' I will take whoever wants to go.
= I will take anyone who wants to go.

whoever ＝ anyone whoがわかると、すべてが腑に落ちるはずです。**whoeverの先行詞**がないのは、anyone whoを１語でまとめたものだから。そして、「〜する人は誰でも」の訳になるのは、**anyone**が「どんな人でも」の意味だからです。次の例文に進みます。

例文 3 You may do whatever you like.
あなたが好きなことを何でもやって良い。

例文 4 You may take whichever you like.
あなたが好きなものをどれでも取って良い。

whateverは「〜するものは何でも」になります。これも、元々はanything thatと同じとわかれば、先行詞がない理由も理解でき、**anything**「どんなものでも」から、「〜するものは何でも」になるのがわかるでしょう。一方で、**例文4** のwhichever「〜するものはどれでも」も似たような訳になります。**what**は**不特定の範囲**から、**which**は**特定の範囲**から選ぶという違いをおさえておきましょう。

HACK 48

複合関係詞はなぜ「〜するどんな 名詞 でも」の
意味になるか?

Answer whoever ＝ anyone whoで、
anyoneが「どんな人でも」の意味だから。

no matter 疑問詞 はなぜ「たとえ〜でも」の意味になるか?

　複合関係詞が非常に難解な理由は、whoever「〜する人は誰でも」だけではなく「たとえ誰が〜でも」の意味もあり、この意味ではno matter whoに置き換えられる、と次から次へと新しい知識が登場する点にあります。特に、no matter whoがなぜ「たとえ誰が〜でも」の意味になるかは、さっぱりわからなかったと思います。例文で確認していきましょう。

例文1

No matter who comes, you must not let him or her in.
たとえ誰が来ても、中に入れてはいけない。

　whoever = no matter whoなので、 例文1 のようにno matter who comesで「たとえ誰が来ても」の意味になります。公式としては、no matter 疑問詞 = 「たとえ〜でも」で、疑問詞によって、whoだと「たとえ誰が〜でも」、whatだと「たとえ何が(を)〜でも」となります。では、一体なぜこのような意味が生まれるのでしょうか。

● no matter 疑問詞 は、元々はIt is no matter 疑問詞 〜.の文

　実は、no matter 疑問詞 の表現は、元々It is no matter 疑問詞 ~.の文になります。形式主語のitを用いた文で、疑問詞以下を指します。matterは名詞で「重要なこと」なので、no matterは「重要ではないこと」と訳します。形式主語のitは名詞のカタマリであれば、以下の文のように使用できます。

例文2

It is amazing how young you are.
あなたの若さには驚かされる。

次の**no matter** 疑問詞 の文をご覧ください。

例文
3

No matter what happens, you must finish this work.

たとえ何が起きても、あなたはこの仕事を
終えなければならない。

例文3 は、**no matter what**「たとえ何が〜でも」の表現ですが、前半を形式主語の**it**を
用いた文に置き換えて、考えてみましょう。

例文
3'

It is no matter what happens.

何が起きるかは重要ではない。

元の 例文3 と比べてみてください。**No matter what happens**は、元々**It is no matter
what happens.**なのだから、「何が起きるかは重要ではない」＝「たとえ何が起きても」の
意味になるのがわかるでしょう。

HACK
49

no matter 疑問詞 はなぜ「たとえ〜でも」の意味になるか?

Answer 元々**It is no matter** 疑問詞 ~.で
「〜は重要ではない」
＝「〜はどうでも良い」＝「たとえ〜でも」
になる。

比較を
Hackする！

HACK 50 — not as ~ as ... がなぜ <（小なり）の関係になるか?

比較には、原級（as ~ as ...）、比較級（-er than ...）、最上級（the -est of ...）と3つの項目があります。原級とは形容詞・副詞の変化していない形を指して、as ~ asを使って、2つのものが同じ程度であることを表します。比較級は形容詞・副詞にerを付けたり、長い形容詞・副詞にはmoreを付けて、たいていはthanとセットで、2つのものの程度の違いを表現します。最上級は、形容詞・副詞にestを付けたり、mostを付けて、「3つ以上の中で一番…」と表現します。原級で重要なポイントの1つが、原級の否定表現になります。

● not as ~ as ... 「…ほどは~ではない」

> **例文**
>
> ### This job is not as difficult as that one.
> この仕事はあの仕事ほど難しくはない。

この例文は、**this job**と**that one**（job）を比べています。not as ~ as ...で、「…ほど~ない」になります。上の例文に当てはめると、「この仕事はあの仕事ほど難しくはない」になります。ここで疑問に思うところが、「この仕事の難易度 < あの仕事の難易度」となっている点です。本来as ~ as ...「…と同じくらい~」と＝（イコール）ならば、否定形にすると**not as ~ as ...**「…と同じくらい~ではない」とイコール関係を否定するだけの表現になるはずです。**なぜ否定にすると、not as ~ as ...は「…ほど~ではない」とく（小なり）になる**のでしょうか。これは元々の**as ~ as ...**のちょっとした誤解にあります。

● as ~ as ... は「…と同じかそれ以上に~」

実は、as ~ as ...は「…と同程度かそれ以上に~」が厳密な訳なのです。記号で表すと、≧（大なりイコール）なのです。よって、**This job is as difficult as that one.**は、厳密には「この仕事はあの仕事と同等かそれ以上に難しい」という意味です。

これを打ち消すと、＞（大なり）と＝（イコール）が打ち消されるので、＜（小なり）が残りますね。すなわち、**This job is not as difficult as that one.**は、「この仕事はあの仕事ほど難しくはない」になります。よって、**not as ~ as ...**は「…ほど～ない」という**＜（小なり）**の意味になります。

　すると、**This job is not as difficult as that one.**が、**This job is less difficult than that one.**になるのも理解できるはずです。**not as ~ as ...**が＜なので、**less ~ than ...**「…ほど～ではない」と同じ関係になります。

HACK
50

not as ~ as ...がなぜ＜（小なり）の関係になるか?

Answer ▶ as ~ as ...が「…と同じかそれ以上に～」で≧なので、否定形のnot as ~ as ...は＜の「…ほど～ではない」になる。

HACK 51 not so much A as B がなぜ 「AよりむしろB」になるか?

not so much A as B「AよりむしろB」も、初めてこの知識に触れたときは、何の説明もなくこういう表現だと教えられただけなので、さっぱり覚えられなかった記憶があります。1つひとつこの表現をひも解いていきましょう。

● not so much A as B は原級の否定形

I am not so much angry as sad.
私は怒っているよりむしろ悲しい。

not so much A as Bは、実は前のテーマで学んだばかりの**原級の否定表現**になります。原級の否定表現は**not as ~ as ...**ですが、感情を込めると**先頭のasがsoに変わって、not so ~ as ...となる**ことがあります。muchはこの文は事実だというときに使われるものです。今後も登場するので、本書では**事実のmuch**とします。not so much A as Bが原級の否定形とわかると、直訳は**「BほどAではない」**になります。上の例文でも**「私は、悲しいほど怒ってはいない」**となります。原級の否定形はくの関係なので、英語の語順通り左から右に訳すと、「私は、怒っている**よりむしろ**悲しい」となります。お目当ての**not so much A as B「AよりむしろB」**が出てきます。

not so much A as Bがなぜ「AよりむしろB」になるか?

HACK 51

Answer 原級の否定表現なので
AとBはくの関係 = 「AよりむしろB」。

She is more pretty than beautiful. でなぜ prettier ではなくて more pretty とするか?

She is more pretty than beautiful. という文があります。本来prettyの比較級はprettierになりますが、なぜこの文ではmore prettyとするのでしょうか。

She is more pretty than beautiful.
彼女はきれいというよりむしろ可愛らしい。

　例えば、「彼女は彼女の姉よりも可愛らしい」とするなら、**She is prettier than her sister.** と**prettier**とします。ところが、彼女の中で美しい性質より可愛い性質が勝っているとするなら、例文のように**She is more pretty than beautiful.** とするのです。

● 同一人物内の比較は more 原級 than 原級 で表す

　同一人物内の比較は、more 原級 than 原級 となります。なぜmore 原級 となるのでしょうか。実はここでのmoreは、**HACK51**で登場した**事実のmuch**が比較級になったものです。元々は、**She is pretty.** と **She is beautiful.** という2つの文の比較でした。**She is pretty.** の方が「より真実だ」として**more**を使用します。省略なしに書くと**She is more pretty than she is beautiful.** になります。後ろの**she is**は重複するので省略されます。

HACK
52

She is more pretty than beautiful. で
なぜprettierではなくてmore prettyとするか?

Answer 同一人物内の比較は文と文との比較なので、
事実のmuchを比較級にしたmoreを使う!

135

クジラの構文の謎に迫る！

英文法の世界で有名なクジラの構文です。例文中にクジラが登場するので、クジラの構文と呼ばれています。専門書でも、詳細な解説が省かれていて、よく公式扱いされて丸暗記を強要されてきましたが、2つの視点を持つことで、あっさりと謎を解き明かすことができます。①意訳されていることと、②文と文の真実性の比較であることです。まずは、次の日本語の文をご覧ください。

● クジラの構文は意訳されている

<table>
<tr><td>例文
1</td><td>金持ちが天国に行くのは、ラクダが針の穴を通るようなものだ。</td></tr>
</table>

これは聖書から引用した一節ですが、はたしてお金持ちは天国に行けるのでしょうか。ラクダが針の穴を通るのはありえないということはわかるでしょう。ラクダの大きさで針の穴を通るのは不可能ですから。すると、金持ちが天国に行くというのは、それくらいありえないことだよというメッセージなので、金持ちは天国に行けないということがわかります。物欲にまみれずに、慎ましく暮らしなさいという教えです。次の日本語の文もご覧ください。

<table>
<tr><td>例文
2</td><td>クジラが魚だというのは、馬が魚だというのと同じことだ。</td></tr>
</table>

はたして、クジラは魚なのでしょうか。クジラは海にいるので、一見すると魚かと思ってしまいますが、馬が魚というのはありえないとわかりますね。**馬は陸にいることからも、哺乳類です。クジラが魚だというのは、それくらいありえないことを言っているよという**

ことで、**クジラも哺乳類で、魚ではありません**。実は、この意訳がクジラの構文を難解にしている理由の1つなのです。では、本題となるクジラの構文を見ていきましょう。

● クジラの構文は文と文の真実性を比べている

例文 **3**

A whale is no more a fish than a horse is.
クジラは馬と同様に魚ではない。

　この文は、元々 **A whale is a fish.** の文と、**A horse is a fish.** という文の、どちらが真実なのかという比較です。ここでも事実のmuchが比較級になったmoreが使われています。そして、**no more**で「**より真実ということはない**」となり、**後ろの文がありえないたとえ話**となるので、前の文も「**同じようにありえない**」となります。よって、この文は元々直訳すると、「**クジラが魚だというのは、馬が魚だというのと同じようなものだ**」となります。前の例文で示したように、クジラは海にいるので、何も知らないと魚と混同してしまいます。一方で、馬が魚だというのはありえない話とわかります。この文に込められた意図は、「**クジラが魚だというのは、馬が魚だというのと同じくらいありえないことを言っているよ！**」⇒「**そんなわけないよね！**」⇒「**クジラは魚ではないし、馬も魚ではない**」と意訳されていることがわかります。次の例文に進みます。

例文 **4**

A whale is no less a mammal than a horse is.
クジラは馬と同様に哺乳類だ。

　クジラの構文は、 例文**3** で紹介した**S is no more C than S' is.** と、**S is no less C than S' is.** の2パターンがあります。 例文**4** は、後者のパターンですが、①**意訳されていること**と、②**文と文の真実性の比較であること**は同様です。違いが**no less**のところにあるので、「**より真実ではないことはない**」となり、**後ろの文に明らかに真実である例が来る**ので、「**同じように真実だ**」となります。

　すなわち、「**クジラが哺乳類だというのは、馬が哺乳類というのと同様に真実だ**」となります。馬は陸にいるので哺乳類であることはすぐにわかります。その当たり前の例を出

して、クジラも哺乳類だと伝えている文になります。

　クジラの構文をまとめると、**S is no more C than S' is (C).** は「**S が C だというのは、S' が C だということより真実であることは決してない**」が直訳で、**後ろの S' is (C) にありえない例が来る**ので、「**S は、S'（が C ではないのと）同様に C ではない**」となります。次に、**S is no less C than S' is (C).** は「**S が C というのは S' が C だということより真実ではないことは決してない**」が直訳で、後ろの **S' is (C)** に当然真実とわかる例が来るので、「**S は S'（が C であるのと）同様に C だ**」となります。結果として、**S is no more C than S' is. は両者否定表現**、**S is no less C than S' is. は両者肯定表現**となります。

クジラの構文の謎に迫る！

Answer

❶ 意訳されていること
❷ 文と文の真実性の比較であること

● **S is no more C than S' is (C).**
「S が C だというのは、S' が C だということより真実ということは決してない」＝「S は、S'（が C ではないのと）同様に C ではない」
＊S' is (C) はありえない例

● **S is no less C than S' is (C).**
「S が C というのは S' が C だということより真実ではないことは決してない」＝「S は S'（が C であるのと）同様に C だ」
＊S' is (C) は当たり前に真実であること

I have no more than 1,000 yen. は「多い」か「少ない」か?

比較の勉強で厄介なのが、no more thanとno less thanの表現です。クジラの構文が文と文の真実性の比較であるのに対して、この2つは数や量の多い少ないを示す別個の表現なので、しっかりと切り離して考えましょう。訳を丸暗記するだけでは、後で説明するnot more thanとnot less thanとの区別がつかなくなるので、頭を使って理解していきましょう。まずは、noの持つ2つの役割を理解していきましょう。

● no は後ろを強く打ち消して、意味を反転させる

no more thanは、noの働きがポイントになります。1つ目が、noは後ろを強く打ち消して意味を反転させます。例えば、NGワードとは、言ってはいけない禁句のような意味で、テレビ等で耳にしますが、NGとは何のことでしょうか。これはNo Goodの略で、「良いどころか悪い」という意味になります。すると、no more thanのnoも同じ働きをして、more「より多い」を強く打ち消して反転させるので、little「少ししかない」になります。続いて、noのもう1つの働きです。

● no は差を打ち消してイコールの関係を作る

例えば、I am one inch taller than he is.「私は彼より1インチ背が高い」のone inchのように、比較級の前に数量詞を置くと両者の差を表すことができます。したがって、I have no more than 1,000 yen.でも、比較級であるmoreの前のnoは、数量詞なので差を表すことができます。noを使っているので、差はゼロになります。すると、両者はイコールの関係になるとわかります。

● no more than ＝ as little (few) as

例文
1

I have no more than 1,000 yen.
私は千円しか持っていない。

以上から、比較級の前に置かれた**no**は、**①後ろの比較級の意味を反転させて**、**②両者イコールの関係を作り出す**ことがわかります。よって、**no more than ＝ as little (few) as**「**～しかない**」、あるいは**only**と同じ意味で、**数量が少ないことを示す表現**になります。上の例文でも**I have no more than 1,000 yen. ＝ I have as little as 1,000 yen.**で「私は千円しか持っていない」と所持金の少なさを示す表現です。続いて、**no less than**「**～もある**」に進みます。

● no less than ＝ as much (many) as

例文
2

I have no less than 1,000 yen.
私は千円も持っている。

no less thanも、**no more than**と同様に、**no**が、**①後ろの比較級の意味を反転させて**、**②差を打ち消す**ので前後はイコールの関係になります。よって、**no less than ＝ as much (many) as**「**～もある**」と**数量の多さ**を示す表現になります。上の例文でも、**I have no less than 1,000 yen. ＝ I have as much as 1,000 yen.**「私は千円も持っている」となります。

　ここで皆さん、あることに気付かれたでしょうか。**no more than**と**no less than**の例文は、客観的な事実としては両方とも所持金は千円で、それを**主観的に多いと思うか、少ないと思うかの違いが生まれる表現**になります。

　すなわち、大人の所持金が千円なら少ないので、**no more than**となるでしょうし、小学校1年生の所持金が千円なら多いので**no less than**となるでしょう。最後に応用編として、**no bigger than**「**～程度の大きさしかない**」を紹介します。

例文
3

This video camera is no bigger than my hand.
このビデオカメラは、私の手ほどの大きさしかない。

no bigger than も、noが後ろの意味を反転させて、前後をイコールにするので、as small as と同じになります。上の例文でも、This video camera is no bigger than my hand. = This video camera is as small as my hand. で「このビデオカメラは、私の手ほどの大きさしかない」となって、**物が小さいことを示す表現**になります。

no more than と no less than は、意味がどうしても出てこない場合は、**no more than は**noがmoreを打ち消すので、マイナス×プラス＝マイナスで少ないことを示す表現、**no less than は**noがlessを打ち消すので、マイナス×マイナス＝プラスで多いことを示す表現と思い出しましょう。

HACK
54

I have no more than 1,000 yen. は
「多い」か「少ない」か？

Answer　noが後ろを打ち消して反転、
イコールの関係にする

● **no more than**
　= as little (few) as「～しかない」
　と少ないことを示す。

● **no less than**
　= as much (many) as「～もある」
　と多いことを示す。

HACK 55　not more than と　not less than の謎を解く！

no more than、no less thanと混同しやすいのが、not more than、not less thanになります。

● not more than、not less than は限界を示す表現

no more thanとno less thanが**数量の多い少ないを示す表現**であったのに対して、**not more than、not less thanは上限と下限を示す表現**です。not more than「せいぜい」から見ていきましょう。

● not more than は「〜より多くはない」

I have not more than a hundred dollars.
私が持っているのは、せいぜい100ドルだ。

not more thanは、noと違ってnotが後ろを打ち消すだけなので、「**〜より多くはない**」＝「**せいぜい**」となって**上限を示す表現**になります。上の例文でも、「私の所持金は、100ドルより多くはない」＝「私が持っているのはせいぜい100ドルだ」となります。ちなみに、**not more than ＝ at most「せいぜい」**になります。ちなみに、mostはmuchの最上級なので、**at most**も「最も多くても」＝「せいぜい」となります。

続いて、**not less than「少なくとも」**に進みます。

● not less than は「〜より少なくはない」

例文 2

I have not less than a hundred dollars.
私は、少なくとも100ドルは持っている。

　not less than も後ろを打ち消すだけなので、「**〜より少なくはない**」＝「**少なくとも**」と**下限を示す表現**になります。例文でも、「私の所持金は、100ドルより少なくはない」＝「私は、少なくとも100ドルは持っている」と下限を示す表現になります。ちなみに、**not less than ＝ at least「少なくとも**」になります。least は little の最上級なので、**at least**「最も少なくても」＝「少なくとも」になります。

　ちなみに、**not more than** と **not less than** も思い出せない場合は、**not** の t と **more** の m が共通しているので、**not more than ＝ at most**、そして **not** の t と **less** の l が共通しているので、**not less than ＝ at least** と思い出しましょう。

HACK 55

Answer not more than と not less than の謎を解く！

● **not more than**
　⇒「〜より多くはない」＝「せいぜい」
　*上限を示す表現

● **not less than**
　⇒「〜より少なくはない」＝「少なくとも」
　*下限を示す表現

副詞の最上級になぜ the を付けないか?

最上級は、「3つ以上の中で一番〜だ」という表現です。比較では、形容詞や副詞の原級を変化させて、比較級、最上級を表します。最上級は、形容詞・副詞の語尾にestを付けて、冠詞のtheを付けるのが通常です。しかし、形容詞の最上級にtheを付けても、副詞の最上級にはtheを必ずしも付ける必要はないと言われています。これは一体、なぜなのでしょうか。次の例文をご覧ください。

例文 1

He is the tallest in my department.
彼は私の部署では一番背が高い。

ところで、**theの本質とは「1つに限定する」**ことになります。よって、**最上級の「一番〜だ」**と相性がいいのです。しかし、**文法上、theをtallestという形容詞の前に置くことは良いのでしょうか。**元々、上の例文は、**He is the tallest person in my department.**で、**person**が省略されているのです。すると、**person**という名詞にtheを付けることは何ら不思議なことではないとわかります。自分の部署の同僚などを紹介するとき、上の例文を使ってみてください。「一番年上」になると、**tallest**を**oldest**に変えて使用します。一方で、下の例文もご覧ください。

例文 2

I get up earliest in my family.
私は家族で一番早起きだ。

最上級の形の**earliest**は、原級は**early**です。**これは副詞で、後ろに名詞が省略されているような表現ではありません。**すると、**最上級でも副詞の場合は、名詞の前にtheは置かない方が普通だ**とわかるでしょう。

これが副詞の最上級には**the**が付かないことがあると言われる理由です。もっとも、最上級には**the**を付けることが慣例になり、副詞に**the**を付けた表現もよく登場します。

<table>
<tr><td>例
文
3</td><td>He works the hardest in my company.
彼は私の会社で一番働き者だ。</td></tr>
</table>

これは、**the**が持つ「1つに限定する」役割が最上級と相性がいいことから、慣例的に最上級に**the**を付けるようになった表現になります。この例文も、働き者の同僚を誰かに紹介する文脈で使ってみてください。

HACK 56

副詞の最上級になぜtheを付けないか？

Answer 最上級に**the**を付けるのは、元々
the + 最上級 + 名詞 を想定しているから。
副詞には必ずしも**the**を付けなくて良い。

I am happiest while cooking.
に the が付かない理由

I am happiest while cooking.は、whileの後ろにI amが省略されている文です。

例文	**I am happiest while cooking.** 料理している間が、私は最も幸せだ。

この文のhappiestは最上級にもかかわらず、theが付いていません。前のテーマで紹介したような副詞の最上級でもないのに、なぜtheが付かないのでしょうか。

● 同一人物内の最上級にはthe が付かない

前のテーマで、theは「1つに限定する」ことを学びました。例えば、彼はクラスで一番背が高いというとき、He is the tallest in his class.としますが、クラスに何人もいる中で、「最も背が高い人」と一人に限定されます。一方で、上の例文では、私と他の人を比べて一人に限定する文脈ではないので、theを使いません。例文のような同一人物内の最上級では、theを使わないと理解しましょう。

他にも、例えばThis lake is deepest at that point.「この湖は、あの地点が最も深い」のような文でも、theを付けずに最上級を使います。1つの湖の中で深さを競うだけなので1つの湖に限定する文ではありません。このような場合も、同一物内での最上級なので、theなしの最上級を使います。

I am happiest while cooking.にtheが付かない理由

Answer 同一人物や同一物内の最上級では、
1つに限定されるわけではないので
theを使わない!!

HACK 58　比較級に the を付けられるか?

　こうして見てくると、最上級にtheを付けるというのは、やや不正確なルールであって、正しくは最上級の形容詞（副詞）で1つに限定される場合にtheを付けるというのが正確なルールだとわかります。すると、theは何も最上級の専売特許というものではないので、比較級に付けられる場合はないかと考えられます。次の例文をご覧ください。

例文

He is the younger of the two.
彼は二人のうち若い方だ。

　最上級にtheを付けるという呪縛から逃れて、「**1つに限定する**」というtheの本来の姿が見えてきたら、上の例文が何らおかしくないのがわかるでしょう。二人の人がいて、そのうち背が高い方と言われたら、一人にしっかり限定できますね。だから、比較級に**the**を付けても良いのです。the + 比較級 of the two 「2つのうち〜な方だ」で覚えておきましょう。

　比較級にtheを付ける表現は、他に**The 比較級 〜, the 比較級 ....** 「〜すればするほど、それだけますます…」、**all the 比較級 for 〜** 「〜だからそれだけ一層…」、**none the 比較級 for 〜** 「〜だけど少しも…ない」があります。この3つの比較級の前に付く**the**は、今まで見てきた冠詞のtheとは品詞が異なり、まったく違う働きをするので、次のテーマから1つずつ見ていきましょう。

HACK 58　比較級にtheを付けられるか?

Answer ➤ the + 比較級 of the two
「2つのうち〜な方だ」は、
1つに限定できるので
theを比較級につけても問題ない。

The + 比較級 〜, the + 比較級 .... の謎に迫る！

比較表現で頻出のThe＋ 比較級 〜, the＋ 比較級 ....「〜すればするほど、それだけますます…」を見ていきます。なぜ、このような表現があるのか、私も初めて見たとき見当もつかずに諦めて丸暗記していた記憶があります。まずは、例文をご覧ください。

例文

The older **we get**, the wiser **we become.**
年を取れば取るほど、それだけ賢くなる。

we getとwe becomeという2つの文構造があるので、英語のルールでは、接続詞か関係詞が必要になります。

● 先頭のthe は関係副詞、2つ目のthe は指示副詞

先頭のtheは関係副詞で、前後の文をつなぐ働きをしています。重要なのが2つ目のtheです。指示副詞のtheといって、「それだけ」の意味で、文頭からカンマまでの内容を指しています。やや後付けの感は否めませんが、両方とも形容詞や副詞の比較級を修飾するので副詞であり、文と文との接続を説明するために、先頭のtheを関係副詞として、2つ目のtheを指示副詞とします。上の例文でも、「それだけ」とは「年を取った分だけ」という意味です。

HACK
59

The + 比較級 〜, the + 比較級 ....の謎に迫る！

Answer 最初のtheが関係副詞で文と文をつなぎ、後ろのtheが指示副詞で「それだけ」と前を指示。

HACK 60 — all the 比較級 for 〜 と none the 比較級 for 〜 の謎に迫る！

続いて、**all the 比較級 for 〜**「〜だからそれだけ一層…」に進みます。

● all the 比較級 for 〜「〜だからそれだけ一層…」

> **例文 1**
>
> **I like him all the better for his frankness.**
> 彼はさっぱりしているから、それだけ一層好きだ。

この表現も初めて見たとき、お手上げでした。**all the 比較級 for 〜**「〜だからそれだけ一層…」と、丸暗記では訳を覚えるだけで精いっぱいだったように思えます。まずは、比較級の前にある**the**に着目します。これが先ほど紹介した**指示副詞のthe**「それだけ」で、**for**以下を指します。続いて、**for**は**理由**を意味して「〜だから」です。後ろに文構造が来ると、接続詞の**because**を使います。最後に**all**は、実は省略されても問題なく、**強調の役割**で「すっかり」の意味です。続いて、**none the 比較級 for 〜**「〜だけど少しも…ない」に進みます。

● none the 比較級 for 〜 は「〜だけど少しも…ない」

> **例文 2**
>
> **He is none the happier for his wealth.**
> 彼はお金があっても、少しも幸せではない。

none the 比較級 for 〜も、指示副詞の**the**「それだけ」が使われています。**for**も理由で、「〜だからそれだけ…ことはない」を意訳して、「〜だけど少しも…ない」となります。例文のように、お金があるからそれだけ幸せということもないと、逆接の内容になるので、「〜だけど」と訳します。続いて**none the less for 〜**「〜にもかかわらず…」に進みます。

● none the less for ～は「～だけどマイナスになることはなく」

I respect her none the less for her faults.
私は彼女に欠点があっても、尊敬している。

none the less for ～も、**指示副詞のthe**「それだけ」がポイントです。直訳すると、「～だからといってそれだけマイナスになることはなく」です。逆接の内容が来るので、「～にもかかわらず」となります。実際に、例文でも「欠点」と「尊敬する」は、本来の因果関係とは逆になるので、「欠点**にもかかわらず**尊敬する」となります。

all the 比較級 for ～とnone the 比較級 for ～の謎に迫る!

● all the 比較級 for ～

Answer allが強調で「一層」の意味、
theが指示副詞でfor以下を指し、
forは理由で「～だから」
=「～だからそれだけ一層…」

● none the 比較級 for ～

Answer theが指示副詞、forは理由で、
逆接の内容が来るので
「～だけど少しも…ない」
＊「お金持ちだけど幸せではない」のような内容

● none the less for ～

Answer theが指示副詞、forは理由で、
「～だけどそれだけマイナスになることはなく」=「～にもかかわらず」
＊「欠点にもかかわらず尊敬している」
のような内容

最上級相当表現は
どんな表現か？

比較の分野を学習していると、最上級相当表現という言葉が当たり前のように独り歩きをして、意味が全然わからなかった記憶があります。特に、「富士山が日本で一番高い山だ」という例文を使うのは良いのですが、要点がつかみづらくて、当初は全然応用もできませんでした。

● 形は原級・比較級で、意味が最上級になる表現

最上級相当表現とは、最上級に相当する表現ということからもわかるように、最上級自体は使用していません。**形はas 〜 as ...の原級か、-er thanの比較級を使います。**それでいて意味は最上級という表現ですが、一体どんな特徴があるのでしょうか。

● 主語に否定語 + 原級 or 比較級

例文
1・2
No other mountain in Japan is as high as Mt. Fuji.
No other mountain in Japan is higher than Mt. Fuji.
富士山ほど(より)高い山は日本にはない。

最初の特徴は、**主語に否定語が来て、原級か比較級を使うパターン**です。まずは原級を用いた**No other** 単数名詞 **is as 〜 as A.** 「Aほど〜な他の 名詞 はない」＝「Aは一番〜な 名詞 だ」と最上級に近い意味になります。続いて比較級を用いた**No other** 単数名詞 **is -er than A.** 「Aより〜な他の 名詞 はない」も「Aは一番〜な 名詞 だ」と最上級に近い意味になります。続いて、**主語がNothingになるパターン**です。

Nothing is as precious as time.
時間ほど貴重なものはない。

　これも、原級を使ってはいますが、「時間ほど貴重なものはない」＝「時間は最も貴重なものだ」と最上級に近い意味になります。**Nothing is more precious than time.** としても、「時間より貴重なものはない」＝「時間は最も貴重なものだ」と最上級に近い意味になります。次の**最上級相当表現**に進みます。

● **than** の後ろで**any**を使う

Mt. Fuji is higher than any other mountain in Japan.
富士山は日本の他のどの山よりも高い。

　次の最上級相当表現は、**than**の後ろで**any**を使う表現です。形は比較級ですが、意味は最上級になります。**any other** 単数名詞 は、**other** ⇒ **any** ⇒ 単数名詞の順にすると、「他のどの 名詞 」と上手に訳すことができます。

最上級相当表現はどんな表現か？

Answer 形は原級・比較級で意味が最上級になる表現のこと。

●**主語に否定語**
・ No other 単数名詞 is as ~ as
　(-er than) A.
　「Aほど（より）～な他の 名詞 はない」
・ Nothing is as ~ as(-er than) A.
　「Aほど（より）～な 名詞 はない」

●**than**の後ろに**any**
　A is -er than any other 単数名詞 .
　「Aは他のどの 名詞 よりも～だ」

It couldn't be better. が なぜ「絶好調」になるか?

HACK61で最上級相当表現を学びましたが、他の表現も紹介していきます。

● couldn't + 比較級 も最上級相当表現!?

例文
1

It couldn't be better.
最高だ。

実は、**couldn't**と比較級をセットで使っても、最上級相当表現になります。例えば、**It couldn't be better.**は、**than now**が省略されていると考えて、**It couldn't be better (than now).**「今より良いなんてありえない」＝「**最高だ**」、「**絶好調だ**」の意味になります。英語で調子どう？とか、仕事は順調？と聞かれて、**It couldn't be better.**と答えると、相手も微笑んでくれます。次の例文に進みます。

例文
2

I couldn't agree more.
大賛成。

I couldn't agree more.も、後ろに**than this**が省略されているとすると、**I couldn't agree more (than this).**「私はこれ以上に賛成しようがない」＝「**大賛成**」となります。形は比較級ですが、意味は最上級になります。

HACK
62

It couldn't be better.がなぜ「絶好調」になるか?

Answer It couldn't be better than now.
「今より良くなるのはありえない」
＝「最高だ」の意味。

接続詞を
Hackする！

HACK 63 — though と although は何が違うか？

thoughもalthoughも、英語学習の当初から当たり前のように両方出てきて、それでいて両者の違いは説明されません。実際両方使えるような場面も多いのですが、両者の違いがわかった方がスッキリするものです。まずは例文をご覧ください。

例文 1

Although it was raining, I decided to go out.

雨が降っていたけれども、外出することにした。

例文 2

I like to play baseball, **though** I'm not so good at it.

私は野球をするのが好きだ、もっともあまり得意ではないが。

例文1、**例文2** どちらともalthough、thoughを使うことができます。although(though) S'V', SV.とすると、「S'はV'するけれども、SはVする」で、SV, although (though) S'V'.とすると、「SはVする、もっともS'はV'するが」です。このように英語の語順通りに訳し下すと、速読につながります。次の例文に進みます。

例文 3

I bought a car. It's second-hand, **though**.

車を買ったよ。中古だけどね。

例文 4

What is important, **though**, is never to give up.

けれども、重要なのは決してあきらめないことだ。

例文3、**例文4** のthoughは、althoughに置き換えることはできません。**例文2** では、

thoughは接続詞として使われていましたが、 例文3 、 例文4 は接続副詞という副詞に分類される用法だからです。この接続副詞の用法は**though**だけのもので、**although**にはありません。接続副詞で使われる**though**は、 例文3 、 例文4 のように文尾や文中に置いて使うことができます。最後の例文に進みます。

例文
5

Even though he is strict, he is a good teacher.
彼は厳しいけれども、優れた教師だ。

この例文では、**though**を強調した**even though**「〜だけれども」が使われていますが、これも**though**特有の用法で、**even although**とすることはできません。この理由は、元々**although**は**all ＋ though**から生まれたものだからです。ここでの**all**は日本語にすると「すっかり」のような後ろに来る語句を強調する用法です。すると、**although**は元々**though**を強調した単語なので、それをさらに強めて**even although**とはしないことがわかります。

そして、品詞以外で**although**と**though**を区別すると、**although**は書き言葉、**though**は書き言葉、話し言葉両方になじみます。**although**は、**though**をかたくした単語なので、主に書き言葉で使い、話し言葉のときは**though**を使うと良いでしょう。

HACK
63

thoughとalthoughは何が違うか？

Answer | thoughは接続副詞の役割があるので、文中や文尾に置くことが可能。even thoughという強調表現はthoughだけのもの。thoughは書き言葉、話し言葉両方になじみ、althoughは主に書き言葉になじむ。

no sooner A than B がなぜ「AするとすぐにB」になるか?

no sooner A than B「AするとすぐにB」も、謎の表現の1つです。私自身も高校生のころは丸暗記するしかなかったのですが、これも丸暗記をせずに、解説していきましょう。近い意味で紹介されるas soon as S'V', SV. がヒントになります。両者で共通して使われる単語は何でしょうか。両者に共通しているのはsoonです。soonは「少しの間をおいて」の意味になります。例文で見ていきましょう。

● no sooner A than B は「BするのとAしてからの間が全くない」

例文
1

No sooner had I left home **than** it started raining.
家を出るとすぐに、雨が降り始めた。

直訳すると、「雨が降り始めるのと家を出てからの間が全くなかった」です。noは比較で学んだように、「全く〜ない」という強い打消しの役割なので、こういった意味になります。すなわち、左から英語の語順通りに訳すと、「家を出ると同時に雨が降り始めた」になります。ですから、no sooner A than Bは正確には、「Aすると同時にB」で、「AするとすぐにB」は、やや正確性を欠いた訳と言えるかもしれません。ちなみに、no soonerが文頭に出ると後ろは倒置が起きるので疑問文の語順となり、had I leftとなります。続いて、hardly A when Bに進みます。

● hardly A when B は「Bしたとき、Aしてからの間がほとんどない」

例文
2

I had **hardly** spoken to her **when** she left.
彼女に話しかけるとすぐに、彼女は去ってしまった。

hardly A when Bも、hardly「ほとんど〜ない」という否定語が使われているので、「**B
したとき、Aしてからの間がほとんどなかった**」になります。すなわち、左から英語の語
順通りに訳すと、「**AするとすぐにB**」となります。例文にあてはめると、「**彼女が去ったとき、
私が彼女に話しかけてからの間がほとんどなかった**」になります。左から右に訳すと、「**私
が彼女に話しかけるとすぐに、彼女は去ってしまった**」になります。続いて、**scarcely A
before B**「**AするとすぐにB**」に進みます。

● scarcely A before B「**B するより前の A する間がほとんどない**」

例文
3
I had scarcely arrived at the station before the train left.
駅に着くとすぐに電車は出発した。

　scarcely A before Bは、hardly A when Bとほぼ同じ意味になります。**scarcely**も**hardly**
とほぼ同じ意味で「**ほとんど〜ない**」の否定語なので、直訳は「**BするよりのA する間
がほとんどない**」、左から右に訳して「**AするとすぐにB**」となります。例文でも、「電車が
出発する前の私が駅に着いてからの間はほとんどなかった」となり、左から右に訳すと「駅
に着くとすぐに電車が出発した」となります。続いて、**As soon as S'V', SV.**「**S'がV'すると
すぐに、SがVする**」に進みます。

● As soon as S'V', SV. は
「**S'が V'するのと同じかそれより少し間をおいて、SがVする**」

例文
4
As soon as I heard the news, I called her.
その知らせを聞くとすぐに、彼女に電話をした。

　最後に、**As soon as S'V', SV.**「**S'がV'するとすぐに、SがVする**」です。**soon**が原級表現
の**as 〜 as ...**と合わさると、「**S'がV'するのと同じかそれより少し間をおいて、SがVする**」＝
「**S'がV'するとすぐに、SがVする**」となります。原級表現が≧になるのは、**HACK50**で紹介
した通りで、直訳は「**S'がV'するのと同じか少しの間をおいて**」＝「**S'がV'するとすぐに**」

となります。

no sooner A than Bがなぜ「AするとすぐにB」になるか?

● no sooner A than B

Answer 「BするのとAしてからの間が全くない」
=「Aすると同時にB」

● hardly A when B

Answer 「BしたときAしてからの間がほとんどない」
=「AするとすぐにB」

● scarcely A before B

Answer 「Bするより前のAする間がほとんどない」
=「AするとすぐにB」

● As soon as S'V', SV.

Answer 「S'がV'するのと同じか少しの間をおいて、
SがVする」
=「S'がV'するとすぐに、SがVする」

It is not until A that B. がなぜ「Aして初めてB」になるか?

It is not until A that B. 「Aして初めてB」という表現があります。他の表現と同様に、初めてこの表現に触れたときは丸暗記するしかありませんでした。しかし、理屈がわかると、この意味がストンと腑に落ちます。まず、この表現は強調構文であるという理解が大切です。すると、強調構文はit is thatがなくても文が成り立つものなので、not until A B. が元の文ということになります。ここから例文で見ていきましょう。

例文

It was not until **yesterday** that I heard the news.
昨日になって初めてそのニュースを耳にした。

It was that を外すと、**not until yesterday I heard the news** となります。本来は、**not until**が文頭に出ると、後ろに倒置が起きますが、今回は便宜上そのまま説明します。

● not until A B は「AまでBしない」=「Aして初めてBする」

この文のuntilは前置詞で、**until yesterday**「昨日まで」という意味のカタマリを作ります。notは動詞のheardを否定するので、直訳すると「昨日まで私はそのニュースを聞いたことがなかった」となります。昨日まで聞いたことがないとは、肯定文で訳すと、「昨日になって初めて、私はそのニュースを聞いた」となります。まとめると、**not until A B**「AまでBしない」=「Aして初めてBする」となります。

HACK
65

It is not until A that B. がなぜ
「Aして初めてB」になるか?

Answer 「AまでBしない」=「Aして初めてBする」

as long as と as far as の違いは？

これも英語学習者にとっては、いわゆる鬼門の1つで、なかなか区別が難しい表現になります。そもそもなぜ区別をしなければいけないかというと、両者とも「〜する限り」と限界を示すことのできる表現になるからです。何の限界を表しているのかを、例文を見て確認していきましょう。

例文 1

As long as I can work, I'll have enough money to live.
仕事ができる限り、生きていくための十分なお金があるだろう。

例文 2

I don't care as long as you are happy.
あなたが幸せでいる限り、私は気にしない。

as long asの本質をつかむには、**副詞のlongに着目**しましょう。皆さんにとって、**long**を使うなじみのある表現とは何でしょう。例えば、**How long have you lived in Japan?**「どのくらい日本で暮らしていますか」は、初対面の外国人によく使う英語表現になります。ここでの**long**は期間を表すので、**as long as**「**〜する限り**」とは、**時間の限界**を表していることがわかります。**例文 1** のAs long as I can workも、いわば「仕事ができる間は」という意味で、**例文 2** もas long as you are happy「あなたが幸せな間は」と、**時間の限界**を示しているとわかります。次の英文に進みましょう。

例文 3

The ocean stretches as far as the eye can see.
見渡す限り、海が広がっている。

As far as I know, she has nothing to do with the case.
私が知る限り、彼女はその事件とは何も関係がない。

As far as I am concerned, I have no complaints.
私に関する限り、不平はない。

as far as も副詞の far に着目してみましょう。例えば、**How far is it from here?**「それはここからどのくらいの距離にありますか？」のように**距離**を尋ねる文で使うことができます。すると、 例文3 の as far as the eye can see「見渡す限り」などは、見える距離（視界）の限界を示しています。

あるいは **How far do you believe him?**「あなたはどの程度彼の言うことを信用していますか？」と信用の程度を尋ねたりすることもあります。 例文4 のような **As far as I know**「私の知る限り」は知っている程度（知識）の限界を表します。続いて、 例文5 の **As far as I am concerned**「私に関する限り」は、関与の程度の限界を指しています。このことからも **as far as** は「距離」や「程度」にかかわる**限界**を示すときに使うとわかります。

HACK **66**

as long as と as far as の違いは？

Answer as long as は時間の限界、as far as は距離や程度の限界を表すときに使う。

moneyがなぜ
数えられない名詞になるか?

名詞を数えられる名詞と数えられない名詞に分類したとき、前者を可算名詞と言い、後者を不可算名詞と言います。不可算名詞の代表例に、money「お金」がありますが、そもそもmoney「お金」が数えられないと言われても、日本人の感覚であれば納得できないでしょう。なぜならば、5円玉や10円玉は1枚、2枚と数え、千円札や一万円札も1枚、2枚と数えるからです。

●「硬貨」や「紙幣」はmoneyではない!?

例文
1

I have to exchange money when I arrive at the airport.
空港に着いたら、両替しなければならない。

実は、この5円玉や10円玉、あるいは千円札や一万円札は、厳密には英語のmoneyではありません。何かと言いますと、5円玉や10円玉は「硬貨」なので英語ではcoinです。千円札や一万円札は「紙幣」なので英語ではbillです。では、moneyの正体とはいったい何か? moneyはcoin「硬貨」やbill「紙幣」をすべてひっくるめた「お金全部」という意味になります。よって、1つ、2つと数えるのではなく、どれくらいあるかと量で考える不可算名詞になります。

● furniture「家具」も数えられない!?

例文
2

There is much furniture in my room.
私の部屋には家具がたくさんある。

続いて、furniture「家具」も数えられない名詞だと言われてもピンときません。

机は1つ、2つ、椅子も1つ、2つと数えることができます。実は、机は**desk**、椅子は**chair**で、**furniture**とは異なるのです。**furniture**の正体は**desk**や**chair**をすべてひっくるめた「家具全部」という意味なのです。よって、**money**と同様に量でとらえる不可算名詞になります。

● 全部ひとまとめで考える名詞は数えない

英語には全部ひとまとめで考える名詞があり、それは1つ2つと数えずに、全部でどれくらいあるかと量でとらえる不可算名詞になります。上記であげた以外の**全部ひとまとめで考える不可算名詞**を整理します。

> ### 全部ひとまとめで考える不可算名詞
>
> ● baggage（**bag** + **suitcase**）　　　「荷物全部」
> ● equipment（**light** + **bathroom**）　「設備全部」
> ● machinery（**drill** + **screwdriver**）「機械全部」

baggageはアメリカ英語で、**イギリス英語ではluggage**です。これも厳密には「荷物」ではなく、**bag**や**suitcase**などをひとまとめにした「荷物全部」を指します。**equipment**は「設備全部」で、例えば**office equipment**「事務設備」は、**light**「電気」、**bathroom**「トイレ」などをすべてひっくるめたものです。**machinery**「機械全部」も、**drill**「ドリル」や**screwdriver**「ドライバー（工具）」をひとまとめで考えたものです。

moneyがなぜ数えられない名詞になるか?

Answer money = coin「硬貨」+ bill「お札」と「お金全部」の意味なので、全部でどれくらいあるかと量でとらえる不可算名詞になる。

water がなぜ
数えられない名詞になるか?

　moneyに引き続き、waterも不可算名詞です。私自身も当初はwaterが不可算名詞だと言われても、よく理解できませんでした。水が1本、2本と数えられるじゃないかと。しかし、当時の私がイメージしていたものは、水の入ったペットボトルです。このような場合はa bottle of waterといって確かにペットボトル自体は数えることができます。

● water は「水」という液体そのものを指す

例文 1

May I have some water, please?
お水をいただけますか。

　レストランなどで水を頼む際に使える丁寧な表現です。**Water, please.**で十分伝わりますが、礼儀を示したいときは、例文の表現を使ってみてください。実は、**英語のwaterとはあくまで水という液体そのものを指します**。私たちは「水」をイメージすると、ついついペットボトルに入った水や、コップに入った水をイメージするので、1本、2本や、1杯、2杯と数えます。しかし、ネイティブには、それらの表現は**a bottle of water**であり、**a glass of water**になります。

● 物質名詞は数えない

　英語の**water**は水という液体そのものを指すので、1つ、2つと数えることなく、どれくらいあるかと量でとらえて、不可算名詞になります。このように液体や食材などを指すいわゆる**物質名詞**も不可算名詞なので、すでにあげた**water**を除いて整理します。

物質名詞にあたる不可算名詞

- 液体系 ⇒ milk「牛乳」 / tea「お茶」 / coffee「コーヒー」
- 食材系 ⇒ bread「パン」 / cake「ケーキ」 / butter「バター」
- 素材系 ⇒ paper「紙」 / chalk「チョーク」

waterに代表される液体が物質名詞の代表例で、**不可算名詞**になります。他にも、**milk**「牛乳」、**tea**「お茶」、**coffee**「コーヒー」なども不可算名詞です。次に、**bread**「パン」、**cake**「ケーキ」、**butter**「バター」などの食材を意味する名詞も**物質名詞**で、**不可算名詞**になります。**paper**「紙」や**chalk**「チョーク」もその素材に着目した物質名詞なので、**不可算名詞**です。次の英文をご覧ください。

例文 **2**

Would you like to go for coffee?
コーヒー飲みに行きませんか?

知り合いを、コーヒーを飲みに誘うときに使う丁寧な表現です。なお、「一杯のコーヒー」は**a cup of coffee**、「パン一切れ」は**a piece of bread**、「ケーキ（のひとかけら）」は**a piece of cake**、「紙1枚」は**a sheet of paper**と **a [名詞] of** を付けると数えることが可能になります。次の英文をご覧ください。

例文 **3**

It's a piece of cake.
朝飯前だよ。

日本語でとても簡単なことを、「朝飯前」と言います。朝ご飯を食べる前のわずかな時間でできる簡単なことという意味です。英語でも同様に食べ物を使って、とても簡単なことを**It's a piece of cake.**と言います。その昔、"**cakewalk**"という、いかに変な格好で歩けるかを競う競技がありました。その競技で勝った賞としてケーキが贈られていました。その競技で勝利するのが簡単だったため、**It's a piece of cake.**でとても簡単なことを意味す

るようになったというのが1つの説です。英語で仕事を頼まれたときに、**It's a piece of cake.**
と返してあげたら、きっと相手が笑みを浮かべてくれるに違いありません。

waterがなぜ数えられない名詞になるか?

Answer waterに代表される物質名詞は量でとらえ
て、1つ、2つとは数えないから。
コップ単位で数える場合は**a glass of water**、
ペットボトル単位で数える場合は
a bottle of waterとする。

information がなぜ 数えられない名詞になるか?

information「情報」も不可算名詞と言われますが、なぜ不可算名詞なのでしょうか。

● 目に見えない名詞は数えない

例文

For more information, please contact our office at extension 777.
詳細については、番号777で弊社までお問い合わせください。

information「情報」と言われても、その形をイメージできる人はいないでしょう。目に見えない以上、1つ、2つと数えることはできません。このように、**目に見えないものは英語の世界では数えない**のです。目に見えない名詞を**抽象名詞**といいます。

> **抽象名詞にあたる不可算名詞**
> ●work「仕事」 / homework「宿題」 / fun「楽しみ」
> ●news「ニュース」 / advice「助言」

workはぼんやりとした「仕事」を指すので不可算名詞で、それから派生したhomework「宿題」も不可算名詞です。一方で、**assignment**「宿題」はアメリカ英語で、実際に課された1つひとつの課題を指すので可算名詞になります。fun「楽しみ」も目に見えないので、不可算名詞です。news、adviceと情報系の単語も不可算名詞になります。

HACK
69

informationがなぜ数えられない名詞になるか?

Answer information「情報」は
目に見えないから数えない!

不可算名詞 =「数えられない名詞」で良いのか?

英語学習を始めたころに、私が不可算名詞のことをいまいち理解できなかったのは、不可算名詞を「数えられない名詞」と否定的に定義しているだけで、実像が全然つかめなかったせいでした。不可算名詞が「数えられない名詞」というのはわかったが、じゃあどんな名詞なのだと。

● 不可算名詞とは量でとらえる名詞

HACK67~69でヒントをちりばめてきたように、**不可算名詞**とは、**量でとらえる名詞**になります。確かに、不可算名詞の種類として、**全部ひとまとめ**、**物質名詞**、**抽象名詞**と紹介しましたが、これらすべてに共通する不可算名詞の特徴とは「**量でとらえる名詞**」であることなのです。これがわかると、すべてがつながってきます。

例えば、可算名詞の「多い・少ない」はmany、fewで表して、不可算名詞の「多い・少ない」はmuch、littleで表すと言われます。これはなぜかというと、manyやfewは「**数の多い・少ない**」を表すので、**可算名詞**に使います。一方で、muchやlittleは「**量の多い・少ない**」を表すので、**不可算名詞**に使うのです。品詞は副詞になりますが、**Thank you very much.**と感謝を量で表す表現を考えればわかるでしょう。

moneyも「お金全部でどれくらいの量か」、furnitureも「家具全部でどれくらいの量か」、そしてwaterも「水がどのくらいの量か」、breadも「パンがどのくらいの量か」、そしてinformation「情報」やhomework「宿題」も「**どれくらいの量があるか**」という視点で考えると、不可算名詞の本質が見えてくるはずです。

不可算名詞 =「数えられない名詞」で良いのか?

HACK 70

Answer ▶ 不可算名詞は「量でとらえる名詞」。

HACK 71 go to bed がなぜ「ベッドに行く」ではなくて「寝る」になるか?

go to bed は「寝る」という熟語だと説明されます。しかし、よく考えると、go to bedは「ベッドに行く」とは訳さないのでしょうか。結論から言うと、go to bed 「ベッドに行く」とは訳しません。これは一体、なぜなのでしょうか。

● 可算名詞を無冠詞で使うと、その名詞本来の目的を意味する

例文1

I went to bed at eleven last night.
私は昨晩11時に寝た。

注目してもらいたいのが、**bed**は1つ、2つと数えられる可算名詞にもかかわらず、冠詞が付いていません。**a**や**the**に代表される、名詞の前に置かれる冠詞の働きに着目してみましょう。冠詞を付けると、名詞の具体的な形をイメージできるようになります。すると、英語で「寝る」と言いたいときにベッドを具体的にイメージする人は通常いないでしょう。**bed**のような可算名詞には冠詞を付けるのが普通で、冠詞を付けない場合はその名詞の目的を意味するようになります。**bed**であればその目的は「寝る」だから、**go to bed**「寝に行く」で「寝る」になります。**go to bed**以外で、可算名詞が冠詞を付けずに無冠詞で使われる表現を整理していきます。

> ### 可算名詞が無冠詞で、目的で使用される表現
> ● **go to school**「通学している」 / **go to church**「礼拝に行く」
> ● **by bus**「バスで」 / **at table**「食事中」 / **at sea**「航海中」

go to schoolも、「学校に行く」という行為を表すわけではありません。**school**の本来の目的は勉強なので、「勉強しに通っている」＝「通学している」になります。

go to churchも、**church**の本来の目的は礼拝なので、「礼拝に行く」になります。

● 交通手段の by は無冠詞!?

例文
2

I came here by bus.
私はここまでバスで来た。

交通手段のbyに続く名詞は無冠詞というルールがあります。これも「バスで来た」と言うときに、乗ってきたバスの具体的な形をイメージする人はいません。バスの目的とは「移動すること」なので、busを無冠詞で使うと交通手段を表すことになります。一方で、「彼の車で来た」と言いたいときは彼の車の具体的な形をイメージするので、in his carとします。inが来たら所有格を使うというルールではありません。

続いて、at tableならtableの本来の目的は食事なので、「食事中」になります。英語では、勉強や仕事で使う「机」はdeskで表し、飲食用はtableで表します。最後に、at seaならseaの本来の目的は航海なので「航海中」となります。

HACK
71

go to bed がなぜ「ベッドに行く」ではなくて
「寝る」になるか?

Answer 可算名詞を無冠詞で使うと、
その名詞本来の目的を意味する
ようになるから!

HACK 72 固有名詞に a を付けられるか？

a（an）は不定冠詞といって、名詞に付けることで不特定の1つを意味します。一方で、固有名詞は特定されているものなので、本来はa（an）を付けることはありません。しかし、以下のような英文はどうでしょうか。

● a(an) + メーカー で「～社製品」

例文1

It's a Sony.
それはソニー製品だ。

Sonyという企業を表す固有名詞にa(an) が付いていますが、**例文1** は正しい英文になります。特定できる固有名詞に通常は不特定のa(an) は付けないのですが、いくつか例外があります。最初の例外は、a(an) の後ろにメーカーの名前を付けることで、「～製の商品」を意味するときです。例えば**例文1** は、a Sonyとすることで、無数にあるSony製品の1つを意味することができます。よって、It's a Sony.は「それはソニー製品だ」となります。次の文に進みましょう。

● a(an) + 偉人 で「～のような才能のある人の一人」

例文2

He thinks he is an Edison.
彼は自分をエジソンのような人だと思っている。

続いて、**偉人の前にa(an) を付けることで、複数いる偉人のような人の一人を意味する**ことができます。**例文2** でも、an Edisonとすることで「エジソンのような賢い人のうちの一人」の意味です。よって、「彼は自分をエジソンのような人だと考えている」となり

ます。最後の文に進みます。

● a(an) + 名字 で「〜さんという人」

例文
3

I got a call from a Mr. Suzuki.
鈴木さんという人から電話があった。

a Mr. Suzukiという表現ですが、鈴木さんという名字の人が、日本では複数います。どの鈴木さんかは特定できないけれど、鈴木さんという名字を持つ人間の一人という意味で **a Mr. Suzuki**という表現が可能になります。実際に、会社などで電話を受けて、「鈴木です」と言われても、どの鈴木さんかわからないときに、上の例文を使ってみてください。

HACK
72

固有名詞にaを付けられるか？

Answer

a(an) は不特定の名詞に使うので、
特定されている固有名詞には
通常使わない。
a + メーカー で「複数ある〜社製品の1つ」、
a + 偉人 で
「複数いる〜のような才能を持つ一人」、
a + 名字 で「複数いる〜さんの一人」を
意味したいときは
例外的に、a + 固有名詞 が可能。

Do you have the time? がなぜ「今何時ですか?」になるか?

前のテーマで紹介したように、a（an）が名詞に付くときは不特定の1つを表します。一方で、theを付けると後ろの名詞は特定されて、話し手と聞き手に共通認識が生まれるという特徴があります。次の例文をご覧ください。

例文
1

Do you have the time?
今何時かわかりますか?

例文1 では、timeの前にtheが付いています。**the timeとすることで、話し手と聞き手に共通認識が生まれます。**話し手も知っていて聞き手も知っている時間とは、いつの時間でしょうか。そうです、「今の時間」になります。よって、**Do you have the time?** で「今何時かわかりますか?」になります。普通に時間を聞くだけなら、**What time is it now?** や**What time?** で十分ですが、丁寧に時間を尋ねるときは、**Do you have the time?** になります。次の文もご覧ください。

例文
2

Do you have time?
今お時間ありますか?

一方で、timeに冠詞を付けずに、**Do you have time?** とすると、単に「時間ありますか?」と相手の都合を聞く表現になります。相手が暇かどうか、時間があるかどうかを尋ねる表現です。仕事で少し時間をもらいたいときや、相手のその後の都合を聞きたいときに、上の例文を使ってみてください。次の英文に進みます。

Seize the day.
今日を生きる。

　この表現は「今を生きる」と誤訳されがちな表現ですが、厳密には違います。**theが付くことで後ろの名詞に共通認識が生まれます。話し手も知っていて、聞き手も知っている**日とはいつの日でしょうか。そうです、「今日」になります。直訳すると、「今日をつかみ取れ」という表現になります。今日を余力など残さずに全力で生きなさいというメッセージです。そこから「**今日を生きる**」になります。もう変えることのできない過去にいつまでも縛られるのではなく、まだ起きていない未来に不安を覚えるのではなく、今日に集中して、今日やるべきことに専念するという意味です。私自身も、先行き不透明で不安が絶えなかった時代に、この言葉を胸に、一日一日必死に生きていた記憶があります。不安を抱えている人に贈るメッセージなどで、上の例文を使ってみてください。

HACK
73

**Do you have the time?がなぜ
「今何時ですか?」になるか?**

Answer　theが付くと、後ろの名詞に話し手と
聞き手の共通認識が生まれるので、
the timeが「今の時間」を意味するから。

There is the cat under the table. がなぜダメか?

there be 構文といって、「〜がある」と何かの存在を表す頻出の構文があります。be動詞の後ろの名詞が文の主語にあたり、倒置が起きている文になります。

例文 1

There is a cat under the table.
テーブルの下に猫がいる。

このthere be 構文にはある制約があって、主語には a ＋名詞 を置いて、the ＋名詞 は基本置くことができません。よって、**There is the cat under the table.**とは英語では言わないのです。

> ✗ **There is the cat under the table.**

● There be 構文の主語には、the ＋ 名詞 を基本は置かない

- -

これは一体なぜなのでしょうか。一般的には、**there be 構文には新情報が来て、旧情報を置くことができない**ので、a ＋名詞 が来ると言われますが、少し言葉足らずでわかりづらい説明かもしれません。

● There be 構文は相手が知らないものの存在を教える

- -

要は、**there be 構文は、単なる存在を示す表現ではなくて、相手が知らないものの存在を教える構文**なのです。すると、**the ＋ 名詞 は相手との共通認識がある**のだから、there be 構文の主語には基本なじまないことがわかるでしょう。次の文をご覧ください。

There is a parking lot near my house.
私の家の近くに駐車場があります。

a parking lotが**相手の知らない情報**で、**求めている情報**だとわかると、話の文脈すら見えてきます。おそらく、相手が自分の家に遊びに来ると言っていて、どうやって行こうと悩んでいたときに、「うちの近くに駐車場があるよ！」と教えてあげたのでしょう。このように**相手が知らない情報を教えてあげるときに使うのがthere be構文**だとわかります。すると、決まりだからと言って**there be**構文の後ろに**the ＋ 名詞**は来ないとか新情報が来るとか丸暗記するのではなくて、**there be構文は相手が知らない情報を教える構文**なので、**相手と共通認識があるthe ＋ 名詞は置かない**と、ストンと腑に落ちるでしょう。

There is the cat under the table.がなぜダメか？

HACK
74

Answer there be構文は、相手が知らない情報を教える構文なので、相手が知っているときに使うthe ＋ 名詞は通常置かない。

the + 形容詞 でなぜ「〜な人」を表せるか?

the + 形容詞 が「〜な人々」の意味になるというルールがあります。これも初めて聞いたとき、「そうなんだ、覚えるしかないのか」とルールをそのまま丸暗記していました。しかし、a や the などの冠詞は本来名詞の前について、その名詞を具体化するものなはずです。なぜこのルールが成立するのか?という視点でとらえなおしてみます。

● the + 形容詞 の後ろに people が省略されている

> 例文
> **1**
>
> ## The strong must help the weak.
> 強者は弱者を助けなければならない。

実は、**the + 形容詞 の後ろにpeopleが省略されている**というのが、このルールの答えになります。すると、元々the + 形容詞 + peopleで、冠詞のtheは 形容詞 + peopleという名詞を修飾しているだけなので、何ら問題ないことがわかります。上の例文の**The strong**は元々**The strong people**、**the weak**は**the weak people**だとわかると、**the + 形容詞** が「〜人々」の意味になることが容易にわかります。次の例文に進みます。

● the + 国の形容詞 で国民を表せる

> 例文
> **2**
>
> ## It is said that the Japanese work too much.
> 日本人は働きすぎだと言われている。

続いて、**the + 国の形容詞** で「〜人」を表すこともできます。例えば、上の例文のように「日本人」なら**the Japanese**、「イギリス人」なら**the British**、「アメリカ人」なら**the American**です。

これも元々、**the Japanese** は **the Japanese people**、**the British** は **the British people**、**the American** は **the American people** だったとわかれば、なぜ **the ＋** 国の形容詞 が「〜人」を表せるかがわかるでしょう。ちなみに、「**オランダ人**」は英語で何というかわかりますか？　日本人には「オランダ」の呼び名が定着しているので、**the Holland** としてしまいがちですが、**the Dutch** が正解です。しかし、**the Dutch** が「オランダ人」と言われても、日本人にはピンとこないでしょう。むしろ、別の国民を表すのでは？と思う人もいるはずです。

● the Dutch は元々「ドイツ人」の意味

例文 3

The Dutch speak English very fluently.
オランダ人は英語をとても流暢に話す。

　the Dutch の「ダ」という音から、「ドイツ人」を連想する人もいると思いますが、実は **the Dutch** は元々「**ドイツ人**」を指していました。まだオランダが独立国ではなかったころ、イギリスは今のオランダとドイツにいる民族をまとめて「ドイツ（**Dutch**）」と呼んでいました。その後に **オランダが独立して、オランダ人だけを指してDutch、それ以外の地域にいる民族をGermanと呼ぶ** ようになったという由来です。

HACK
75

the ＋ 形容詞 でなぜ「〜な人」を表せるか？

Answer 元々 the ＋ 形容詞 の後ろの people が省略されているから。the Japanese、the American も people が後ろに省略されている。

HACK 76 オランダはHolland か the Netherlands か?

HACK75で、オランダ人は通常the Hollandとはせずに、the Dutchと表現すると学びました。では、オランダという国を表すときはどうしたら良いのでしょうか。

● オランダは the Netherlands

I like the Netherlands national football team.
私はサッカーのオランダ代表が好きだ。

オランダという国を表すときは、**Holland**でも表すことが可能でした（2020年に使用廃止）。もっとも正式名称は、**Kingdom of the Netherlands**で、オランダを英語で表したいときは、**the Netherlands**が良いでしょう。**Netherlands**とは、オランダ語で「低い土地」を意味し、オランダの国土が低い位置にあり、海抜ゼロメートルの国であることが由来です。一方で、**Netherlands**と複数形なのはなぜでしょうか。実は私たちがイメージするオランダはヨーロッパのオランダで、オランダはそれ以外にも、カリブ海のオランダ領アルバ、キュラソー、シント・マールテンなどを領土に持ちます。**それらの島々を合わせるので、the Netherlandsと複数形にします。**

ちなみに**Holland**は、 実は**Kingdom of the Netherlands**の州の一部です。 かつて**Holland**が隆盛した時代に、ポルトガルの宣教師が日本で**Holland**と伝えたのが始まりです。よって、日本ではポルトガル語読みのオランダが定着しました。

オランダはHollandかthe Netherlandsか？

Answer オランダの正式名称はthe Netherlands！

HACK 77 アメリカはAmerica か the U.S. か？

アメリカの表記もたくさんあって、困るものです。HACK75で紹介したように、アメリカ人ならthe Americanで良いのですが、アメリカという国を表す場合はどうでしょうか。

● アメリカは the America では伝わらない！？

実は、私たちがイメージする国のアメリカは、**the America**では伝わらないことがあります。これは一体なぜなのでしょうか。英語で**the America**というと、通常は**the Americas**と複数にして、アメリカ大陸を意味するのです。アメリカ大陸は、北アメリカ（カナダ、アメリカ合衆国）、中央アメリカ（メキシコなど）、南アメリカ（ブラジルなど）と3つに分かれているので、**the Americas**はこれらを総称して使うものです。

● アメリカは the U.S. で表す

一番多い言い方は、**the U.S.**となります。

North America

Central America

South America

the United States of America「アメリカ合衆国」の略で、正式な略称が**the U.S.A.**です。さらに略して**the U.S.**ということが多いようです。他にも会話では、**the States**という言い方も多いようです。

アメリカは America か the U.S. か？

HACK 77

Answer アメリカという国を表すときは the U.S. が多い！

HACK 78 イギリスはEngland か the U.K. か？

これまた厄介な国の名前が、イギリスです。イギリスという呼び名をよく聞くけれど、サッカーではイングランド代表というし、そもそもイギリスとイングランドは何が違うのか、それがわからないと英語の正しい表記も覚えることはできません。一体どういう違いがあるのでしょうか。

● イングランド、ウェールズ、スコットランド、北アイルランドの集合体がイギリス

実は、イギリスとはイングランド、ウェールズ、スコットランド、北アイルランドの4つが合わさった連合国家のことになります。正式国名は**the United Kingdom of Great Britain and Northern Ireland**「グレートブリテン及び北アイルランド連合王国」となります。略称は**the U.K.**、もしくは**Great Britain**です。覚えやすいように、**アメリカはthe U.S.**、**イギリスはthe U.K.**と整理しておくと良いでしょう。では、なぜ日本はイギリスと呼んでいるのでしょうか。実はオランダと同様に、1600年代の主な通商の相手だったポルトガル人のポルトガル語「**Inglêz**（イングレス）」という言葉からイギリスへと変化していったと言われています。

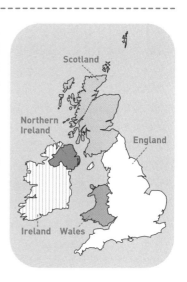

イギリスはEnglandかthe U.K.か？

HACK 78

Answer イギリスは、4つの地域の集合体でthe U.K.で表す！

HACK 79

「私は犬が好きだ」は
I like a dog. か？

続いて、「私は犬が好きだ」と言いたいとき、I like a dog.とするか、I like the dog.とするのか、どちらの冠詞を使って表すのかと迷うものです。このような場合に、とても便利なのが**総称の複数**というルールです。

● 複数形を使うとその名詞全般を表せる

例文

I like dogs.
私は犬が好きだ。

複数形を使うことで、その名詞全般を表せるというルールです。とても便利なルールで、**自分の好みを伝えたいときに、冠詞を使わずに複数形で表す**ことができます。猫好きなら上の例文を**I like cats.**、鳥好きなら**I like birds.**とすれば良いのです。**可算名詞の食べ物の好みにも使うことができます。**リンゴが好きなら総称の複数を使って、**I like apples.**とすれば良いのです。

食べ物の好みを表す場合一点だけ注意が必要なのが、不可算名詞には、この総称の複数は使えない、ということです。刺身が好きだというときは、I like sashimi.とするし、鶏肉が好きだというときは、I like chicken.とします。ここでI like a chicken.とすると、冠詞があるため具体化されるので、調理されていない丸々一羽の鶏が好きだというおかしな表現になってしまいます。

「私は犬が好きだ」はI like a dog.か？

Answer 総称の複数という複数形を使うことで、
その名詞全般を表すことができるので、
I like dogs.が正解！

make friends with は なぜ複数形にするか?

HACK79に続いて、複数形の用法を見ていきます。英語には、複数形で使う慣用的な表現があります。例えば、「〜と仲良くする」と言いたいとき、make friend withとはせずに、friendを複数形にして、make friends withとします。これは一体なぜなのでしょうか。

● 英語では俯瞰して上からものを見る

I made friends with his coworker yesterday.
私は昨日彼の同僚と仲良くなった。

日本語で考えると、なぜfriendsにするのかわからなくなりますが、日本語とは異なる英語の世界観をのぞいてみましょう。日本語はあくまで自分中心の世界観で、「〜と仲良くなる」は自分の前に相手が1人いるだけです。しかし、英語では、**自分から離れて俯瞰的に見る視点がよく使われます**。すると、「仲良くなる」という行為はまさに、**2人の人間が交わるもの**だとわかります。この2つを想定した表現の熟語を**相互複数**と呼んでいます。続けて見ていきましょう。

● 握手も上から見ると手が2つある

He shook hands with me when he got to the airport.
彼は空港に着いて、私と握手をした。

続いて、「握手する」と言いたいときも、shake hand withとはしません。日本語の自分中心の視点では、相手の手が見えるだけですが、英語の俯瞰して見る視点では、握手の際

には手が2つあります。よって、**shake hands with**「〜と握手する」と使います。

● 電車の乗り換えも電車が2つある

 We are going to change trains **at Shinjuku Station.**
私たちは新宿駅で乗り換える予定です。

　続いて、英語で「電車を乗り換える」と言いたいときも、**change train**とはしません。電車の乗り換えも、視線の先の電車をとらえるのではなく、俯瞰して上から眺めると、2つの電車が見えてきます。**日本に不慣れな人を案内する際に、「新宿で乗り換えます」と言いたいときに、上の例文を使ってみてください。**最後の英文に進みます。

● 名刺交換も、上から見ると2枚ある

 In Japan, it is normal to exchange business cards **at a first meeting.**
日本では初対面で名刺を交換するのが普通だ。

　少しずつ英語の**上から俯瞰して見る視点**に慣れてきたでしょうか。最後は、日本のビジネスマンが初対面で行う「名刺交換」の表現です。欧米では、名刺交換は日本ほど日常的ではないようですが、日本では初対面で必ずやります。英語の上から見る視点では名刺は2枚あるので、**「名刺を交換する」はexchange business cards**とします。**欧米人に日本のビジネスの習慣の1つである名刺交換を説明するときに、上の例文を使用してみてください。**

make friends withはなぜ複数形にするか？

Answer 「仲良くなる」行為は、上から見ると二人の友達がいるから！

Thanks. や Congratulations. の s は3単現のs か複数形のs か?

大学生のころ初めてイギリスに旅行をしたときに、現地で暮らしていた先輩が、ネイティブにThanks.とよく使っていて、格好いいなあと真似して使ったものです。Thank you very much.だけで十分伝わるのですが、やはり複数のパターンで言えると、便利ですよね。目的語にyouを置いているので、Thank you very much.のThankが動詞で使われているのは間違いないでしょう。主語のIが省略されているとわかります。では、Thanks.のsは3単現のsなのでしょうか。Thanksが使われている表現をいくつか見ていきましょう。

例文
1

Thanks for your help.
助けてくれてありがとう。

例文
2

Thanks a million.
本当にありがとう。

例文1 、 例文2 ともに、目的語にあたる名詞が後ろにないので、やはり動詞ではないことがわかります。すると3単現のsではないとわかるので、**Thanksのsは複数形のs**と類推することができます。よって、この**Thank**は名詞で「感謝」の意味だとわかります。なぜ、複数形にするのでしょうか。

● 強意の複数形

実は、**強意の複数形**という用法があり、**程度の大きさを示すために、通常は複数形にしない名詞を複数形にすること**があります。次の英文をご覧ください。

例文 3

It is a thousand pities that you say that.
あなたがそんなことを言うなんて大変遺憾だ。

通常はIt is a pity that ~.「〜は残念だ」と使いますが、残念の程度が大きいことを示すために、書き言葉の世界では、a thousand pitiesとして「大変遺憾だ」と使うことがあります。ここまでくれば、Congratulationsの謎も解けるでしょう。

例文 4

Congratulations!
おめでとう!

Congratulationsのsも複数形のsで、強意の複数形です。「お祝いの気持ち」という目に見えない名詞ですが、複数形にすることで、祝福の気持ちでいっぱいであることを伝えています。そして、Thanks.も強意の複数形で、感謝の気持ちでいっぱいであることを伝えています。Thank you very much.の他に、強意の複数形を使ったThanks a lot.や 例文 2 のThanks a million.が言えるようになると、ネイティブも微笑んでくれるでしょう。

HACK 81

Thanks.やCongratulations.のsは
3単現のsか複数形のsか?

Answer 複数形のs。
強意の複数形というルールで、程度の
大きさを示すために通常複数形に
しない名詞を複数形で使う用法。

HACK 82 fish や sheep はなぜ単複同形か?

単複同形という言葉をご存知でしょうか。単数形と複数形が同じ形という意味で、名詞に対して使われる言葉です。例えば、dogやcatは複数形にすると、dogs、catsとなりますが、fishやsheepなどは単数形でも複数形でもfishであり、sheepのままなのです。単複同形の名詞を例文で確認していきましょう。

例文 1

I caught three fish yesterday.
私は昨日3匹魚を釣った。

例文 2

Sheep were eating grass on the hillside.
羊が山の中腹で草を食べていた。

例文 3

Two men killed five deer.
二人がかりで5匹の鹿を殺した。

例文1 では、threeの後にfishが使われています。単数形と同じ形ですが、ここでは複数形を意味しているのでしょう。例文2 では、動詞がwereと複数形を受けるbe動詞なので、やはりSheepは複数形とわかります。続いて 例文3 では、five の後ろでも、やはりdeerです。では、dogやcatにはなく、fish、sheep、deerに共通するものは一体何でしょうか。

● 魚、羊、鹿は群れて暮らすもの

dog や catと違って、fish、sheep、deerは単独よりも、群れで暮らすことを好みます。海を泳ぐ魚の大群や、羊や鹿の群れをテレビなどで見たことがある人は多いはずです。これは、犬や猫とは異なる性質ですよね。群れで暮らすことを好むので、単数か複数かより

191

も、その生き物の存在に注目して、単数形と複数形が同じになったというのが1つの説です。一方で、次の例文をご覧ください。

例文
4

I have never seen this many lions.
私はこんなにたくさんのライオンを一度も見たことがない。

例文
5

A pack of wolves ran after me.
オオカミの群れが私を追ってきた。

例文4 と 例文5 では、lion「ライオン」、wolf「オオカミ」を複数形で使用しています。しかもこれらの例文では、ライオンもオオカミも群れを成していることがわかります。では、fish、sheep、deerとlion、wolfとの違いは一体何でしょうか。

● 狩猟の対象となっていたかどうか

一見すると、sheepやdeerはおとなしそうで、lionやwolfは獰猛で恐ろしいイメージがあります。そのイメージ通りで、実は**単複同形**にするか否かは、人間の狩猟対象であるかどうかで決まっていました。lionやwolfはとても狩猟対象となるものではなく、fish、sheep、deerなどはいずれも群れを成し、かつ人間の狩猟の対象であったことがわかるはずです。狩りをするときは、その生き物が何匹いるかという視点ではなく、その生き物が群れで存在しているか否かに着目したので、単数形、複数形を意識せず、同じ形で表しました。

HACK
82

fishやsheepはなぜ単複同形か？

Answer 群れで生息して人間の狩猟対象
だったので、単複同形になった。

代名詞を
Hackする!

3単現のsの謎に迫る!

　中学で学ぶであろう3単現のsというルールがあります。実際に、ノンネイティブ同士の英会話では、けっこう無視されることもあるのですが、正式な英語では、やはり3単現のsというルールを守るべきでしょう。3単現のsには、人称の理解が必要なので、そこから説明します。人称とは、話す人、聞く人、それ以外で分類したときの通称です。下の表をご覧ください。

人称代名詞の基本表

	単数	複数
1人称	I	we
2人称	you	you
3人称	1人称と2人称以外 (he、she、itなど)	they

　1人称の単数はIで、複数はwe です。2人称は単数も複数も同じくyouです。3人称は1人称と2人称以外を指して、例えばhe、she、itなどがあり、複数形はtheyになります。3単現のsとは、主語が3人称・単数で、時制が現在のときに動詞の語尾にs (es) を付けるというルールです。下の例文をご覧ください。

例文

My father works in Sapporo.
私の父は札幌で働いている。

　My fatherが、3人称で単数となります。上の例文は**現在時制**なので、**work**の後ろに**s**を付けるといった次第です。一方で、このルールがなぜ存在するのかが気になる方もいるでしょう。**3単現のs**というルールは、なぜ存在するのでしょうか。

● 3単現のsとは昔の英語の名残

元々、古い英語では1人称（I）、2人称（you）、3人称（heなど）、1人称複数（we）と、主語の**人称ごとにすべて動詞の語尾が異なっていた**のです。下の表をご覧ください。

時代ごとの主語と動詞の形

	14世紀	16世紀	現代
I	singe	sing	sing
you	singest	singest	sing
he	singeth	sings	sings

上の表からわかる通り、14世紀には、**sing「歌う」**という動詞は、**I**のときはsinge、**you**のときはsingest、**he**のときはsingethとすべての主語に対応して、**動詞の語尾が変わっていました**。16世紀になると、**I**のときは現代と同じsing、**you**のときはsingest、**he**のときに待望のsingsが現れます。これが現代の**3単現のs**の起こりともいうべき表現です。そして、現代において、16世紀の**you**ではsingestだったものが**sing**となって、3人称単数の**he**だけが相変わらず**sings**のままとなっています。

要は、**元々主語に応じて動詞の語尾が異なるというルールが、3人称単数の場合にだけ残ったのが、3単現のsの正体**です。謎が解き明かされると、そのルールに命が吹き込まれたように、生き生きとしてくるはずです。

HACK 83

3単現のsの謎に迫る！

Answer ▶ 元々主語に応じて動詞の語尾が異なるルールが、3人称単数の場合にだけ残ったのが、3単現のsの正体！

時間のit、天候のit、距離のitは何が違うか?

中学の英文法の授業で登場したとき、誰しも面食らうルールの1つでしょう。いかんせん、時間のit、天候のit、距離のitに加えて、日付のit、寒暖のit、明暗のitと、あげていけばきりがありません。例文で確認していきましょう。

例文
1
It's about four thirty.
大体4時半くらいだ。

例文
2
It was very cold this morning.
今朝はとても寒かった。

例文
3
It's five miles from here to New York.
ここからニューヨークまで5マイルある。

例文1 から順に、**時間のit**、**天候のit**、**距離のit**です。先にあげた寒暖のitや明暗のitも、大きく天候のitに含めて構わないでしょう。さらに、これらの3つの用法に共通するものは一体何でしょうか。

● 時間のit も天候のit も距離のit も会話の中で登場する

これらの用法のitを、英語の評論文などで見かけたことがある人は少ないでしょう。実は、すべて**会話の中で使用する**ことを想定したitになっています。少し日本語で考えてみると、例えば「**現在時刻**は、4時30分です」とは、置時計の時報のようなものでない限り言わないでしょう。会話では普通に「大体、4時半くらいだよ」と主語を使わずに言います。他にも、「今朝はすごく寒かった」と言うだけで、あえて「今朝の**天気は**すごく寒かった」

とは言わないはずです。 例文3 も、「ここからニューヨークまで5マイルくらいかな」といった感じで、「ここからニューヨークまでの**距離は**5マイルくらいかな」とあえて言わないでしょう。英語でも同様の発想になります。 例文1 ～ 例文3 を、あえて主語を明示すると、以下のようになります。

> **例文 1'**
> # The time is about four thirty.
> 時間は、大体4時半くらいだ。

> **例文 2'**
> # The weather was very cold this morning.
> 今朝の天気は、とても寒かった。

> **例文 3'**
> # The distance is five miles from here to New York.
> ここからニューヨークまでの距離は5マイルある。

　実際の会話の中で、こんな風に言われていると、念を押されているようで重たくなります。**時間や天候、距離などは、続く表現を聞けば誰しもその話題とわかるもの**です。かつ、これらの話題は会話の中では多用されて、**疑問文に対する返答でもよく使うので、名詞の繰り返しを避けて、itで代用する**ようになりました。

HACK 84

時間のit、天候のit、距離のit は何が違うか?

Answer すべて後ろの表現を聞けば、その内容とわかるものなので、主語をitで代用する!

Please seat yourself. の ように表現がなぜ存在するか?

HACK80で、英語では上から俯瞰してものを見る視点があると学びました。実は、再帰代名詞 (-self) は、まさに英語の上から俯瞰する視点を表した代表的な表現といえるでしょう。次の例文をご覧ください。

例文
1

Please seat yourself.
どうぞお座りください。

seat oneself 「自分自身を座らせる」＝「座る」と習ったはずですが、これも謎の表現の1つだったはずです。なぜsit down「座る」があるのに、seat oneselfを使うのかと。実際は、Sit down, please.で十分に通じますが、やはり英語のネイティブスピーカーは、Please seat yourself.をよく使います。こちらの方が、Sit down, please.より少し丁寧な表現になります。英語は目的語を取る他動詞を好むからというのは、一面的な説明にすぎず、やはり上から俯瞰して見ています。

pleaseから始まる文は、主語のyouが省略されています。(You) seat yourself.「(あなたは)自分自身を座らせてください」＝「お座りください」となるのは、youから見える周りの光景を語っているのではなくて、youからいったん幽体離脱して上から見て、「自分を座らせる」＝「お座りください」と表現しているからです。

● 再帰代名詞（-self）は、上から俯瞰して見た視点

例文
2

I enjoyed myself last night.
昨日の夜は楽しかった。

おそらく中学の英語の授業で、**enjoy oneself ＝ have a good time**で「**楽しむ**」という意味と学んだはずです。これも当時、少なからず違和感を覚えたでしょう。「なぜenjoyだけではだめなのか？」と。**enjoy**は他動詞なので目的語が必要だからというのは、一面的な説明にすぎません。やはり、これも上から俯瞰して見ています。**私という視点から見た楽しい光景ではなくて、私から幽体離脱して、もう一人の自分が上から見ると、「自分自身を楽しませていた」＝「楽しかった」となるのです。**次の例文に進みます。

例文
3

I awoke (woke up) to find myself lying on a bench.
目覚めて気付いたら、ベンチで横になっていた。

　これも、大学受験を経験した多くの人が一度は目にする文ですが、初めて見たときは、どうにもしっくりこなかったはずです。こういう表現だからと丸暗記してきた人も多いと思いますが、この表現の謎を解き明かしていきましょう。

● 結果の不定詞

　おそらく上記の文に近いものを見たのは、**結果の不定詞**の例文だったと思います。上の例文を説明すると、**awake**「目覚める」の過去形の**awoke**か、**wake up**「目覚める」の過去形の**woke up**が使われています。次に、**to find**が結果用法なので、「**～して、（その結果）…**」と左から右に理解していきましょう。そして、findの第5文型である**find O C**「**OがCするのを見つける**」のOに**oneself**が入ると、「**自分自身がCするのを見つける**」＝「**気付いたらCしている**」と説明されていたはずです。

　しかし、よく考えると**find myself lying ~**「自分が横になっているのを見つけるって何だ？」という疑問が生じていたはずです。普通に**lie on a bench**とならないのは、なぜなのだろうと。

　実はこれも、英語の『**上から俯瞰してものを見る**』という視点が反映された表現です。**make friends with**「**～と仲良くなる**」は、**自分視点で相手を見るのではなくて、いわば幽体離脱のように、上から俯瞰して見ると、二人の人間がいるのでfriendsと複数形にする**と学びました。上記の表現も、まさに上から俯瞰して見ています。

ベンチで横になっている自分とは別に、上からその姿を見つけたわけですから、**find myself lying on a bench**という表現が成り立つとわかるはずです。

HACK 85

Please seat yourself. のような表現がなぜ存在するか?

Answer 英語では上から俯瞰してものを見るので、「自分が自分を座らせてください」となるから。

PART | **13**

形容詞・副詞を
Hackする！

なぜquite a few が「かなり多くの」で、only a few が「ほんの少ししかない」になるか?

これも英語学習者にとって非常に頭を悩ませる表現で、quite a fewが「かなり多くの」という意味になるにもかかわらず、only a fewになると「ごくわずかしかない」と否定の意味になります。私自身も丸暗記していた時は、覚えては忘れての繰り返しでした。1つひとつ順を追って理解していけば必ず覚えられる表現なので、ご安心ください。

● few は否定で、a few になると肯定になる

例文1

I had few options.
私にはほとんど選択肢がなかった。

例文2

There are a few apples in the basket.
かごにリンゴが少しあります。

まずは、無冠詞でfewだと「ほとんどない」という**否定語**で、aがつくとa few「少しある」と**肯定表現**になることをおさえましょう。次の例文に進みます。

● very few は強い否定

例文3

Very few people live in this town now.
この町に住んでいる人は今ごくわずかしかいない。

続いて**very few**になると、「ごくわずかしかない」と否定の強調表現になります。**few**が無冠詞だと否定の意味で、それを**very**で強めるので強い否定の意味になります。次に進みます。

● quite a few は強い肯定

<table>
<tr><td>例文
4</td><td>**Quite a few people are gathered in front of the gate.**
かなり多くの人が、入口の前に集まっている。</td></tr>
</table>

次に、**quite a few**になると、**肯定表現のa few**を**quite**で強めるので、強い肯定表現となり、**quite a few**「かなり多くの」となります。最後の例文に進みます。

● only a few は否定表現

<table>
<tr><td>例文
5</td><td>**I hired only a few people this year.**
今年はごくわずかの人しか採用しなかった。</td></tr>
</table>

最後に**only a few**ですが、これは**否定表現**になります。なぜなら、**a few**「少しいる」という肯定表現で、それを**only**「ほんの〜しかない」という否定表現で打ち消すので、**only a few**「ほんの少ししかない」となります。ここで一旦**few**に関する表現をまとめます。

fewに関連する表現

	肯定か否定か	意味
few	否定	ほとんどない
very few	否定の強調	ごくわずかしかない
a few	肯定	少しある
quite a few	肯定の強調	かなり多くの
only a few	否定	ほんの少ししかない

ちなみに、**few**は可算名詞に使用されて、**little**は不可算名詞に使用すると**HACK70**で説明しました。**little**に関連する表現も見ていきましょう。

● little は否定で、a little になると肯定になる

　fewと同様に**little**単独では否定語で「**ほとんどない**」、**a little**は肯定で「**少しある**」です。否定語の**little**を**very**で強調すると、**very little**「**ごくわずかしかない**」になります。肯定の**a little**を**quite**で強調すると、**quite a little**「**かなり多くの**」となります。肯定の**a little**を否定語の**only**で修飾すると、**only a little**「**ほんの少ししかない**」と否定表現になります。**little**に関する表現もまとめます。

littleに関連する表現

	肯定か否定か	意味
little	否定	ほとんどない
very little	否定の強調	ごくわずかしかない
a little	肯定	少しある
quite a little	肯定の強調	かなり多くの
only a little	否定	ほんの少ししかない

HACK
86

なぜquite a fewが「かなり多くの」で、
only a fewが「ほんの少ししかない」になるか?

Answer a fewは肯定表現なので、quiteで肯定を
強調するとquite a few「かなり多くの」、
onlyは否定語なので、
only a few「ほんの少ししかない」になる。

HACK 87 なぜhard が「熱心に」でhardly が「ほとんど〜ない」になるか?

　私自身も初めて見たときに、hardが「熱心に」で、hardlyが「ほとんど〜ない」と似たようなスペリングの2つの単語が、なぜこうも意味がかけ離れているのかと不思議に思った記憶があります。hard「熱心に」はすぐに覚えられましたが、hardly「ほとんど〜ない」は、意味を覚えるのに苦労しました。hard「熱心に」から、例文で確認していきましょう。

例文 1

I did not study hard when I was a student.
私は学生時代熱心に勉強しなかった。

　続いて、hardly「ほとんど〜ない」の例文です。

● hardly は準否定語

例文 2

I could hardly sleep last night.
私は昨晩ほとんど眠れなかった。

　hardlyは準否定語と言われており、notのような否定語に準ずるものととらえると良いでしょう。つまり、hardlyを使うと否定文になるのです。否定の仕方がnotほど強いものではなく、上の例文では「ほとんど眠れなかった」と睡眠の程度を否定するので、準否定語と言われます。このhard「熱心に」とhardly「ほとんど〜ない」の意味には大きな開きがありますが、この2つのギャップを埋める例文をご覧ください。

● hard は形容詞で「難しい」

> **例文 3**
>
> # It is hard to believe you.
> あなたの言うことを信じるのは難しい。

hardは形容詞で使うと、例文のように「**難しい**」という意味になります。元々hardは「**激しい**」という意味からスタートして、「**激しく仕事をする**」から「**熱心に**」という意味になり、「**激しい仕事**」から「**難しい仕事**」という意味になりました。

●「〜するのが難しい」⇒「ほとんど〜できない」

そして、例えば上の例文のように、「あなたの言うことを信じるのは**難しい**」から、「あなたの言うことを**ほとんど信じられない**」となり、「あなたのことを**ほとんど信じない**」と意味が広がっていきました。お目当ての「**ほとんど〜ない**」の意味に行きついたと思います。まとめると、hard「**激しく**」⇒「**熱心に**」or「**〜するのが難しい**」と意味が分かれました。そして「**〜するのが難しい**」⇒「**ほとんど〜できない**」⇒「**ほとんど〜ない**」と用法が広がり、hardが「**熱心に**」、hardlyが「**ほとんど〜ない**」を意味するようになりました。

HACK 87

なぜhardが「熱心に」で
hardlyが「ほとんど〜ない」になるか?

> **Answer** ▶ hard「激しく」⇒「熱心に」or
> 「〜するのが難しい」に分かれる。
> 「〜するのが難しい」⇒「ほとんど〜できない」⇒hardly「ほとんど〜ない」と
> 意味が広がっていったから。

a から始まる一部の形容詞は なぜ名詞の前に置けないか？

asleep「眠っている」、alive「生きている」のように、aから始める形容詞があります。一方で、次の例文をご覧ください。

例文
1

Don't wake up the sleeping baby.
眠っている赤ん坊を起こしてはいけない。

「眠っている」を表すのに、**sleeping**が使われていますが、ここに**asleep**は使ってはいけないのでしょうか。結論から言うと、使ってはいけません。

● a から始まる一部の形容詞は、名詞の後ろか補語で使う

例文
2

My son is asleep on the couch.
私の息子が、ソファで眠っている。

asleepのようなaから始まる一部の形容詞は、前から名詞を修飾することができず、名詞の後ろに置くか、例文のように補語として使用することしかできないのです。これは一体なぜなのでしょうか。まずは、次の例文からご覧ください。

● 前置詞句は名詞の後ろで説明する

例文
3

Smoking on duty is prohibited.
勤務中の喫煙は禁止されている。

on duty「勤務中の」という**前置詞句**（前置詞の意味のカタマリ）が前の名詞を修飾しています。次の文に進みます。

例文4

I was on duty when you called me.
あなたから電話をもらったとき、私は勤務中だった。

on dutyが補語で使われて、「私は勤務中だった」とIの説明をしています。**a**から始まる一部の形容詞が、名詞の前に置けない理由は、この2つの文と同じ理屈になります。実は、**aから始める一部の形容詞は、元々on＋名詞という前置詞句**だったのです。すると、**前置詞句は、名詞の前に置けずに、後ろから名詞を説明する**しかありません。**例文3**、**例文4**のように、**名詞の後ろに置くか、補語で使うこと**しかできないのです。これが、**a**から始まる一部の形容詞が前から名詞を修飾できない理由です。**名詞の前に置くことのできない形容詞**を整理します。

名詞の前に置くことのできない形容詞

alive「生きている」／ asleep「眠っている」／ awake「目覚めている」／
aware「気付いている」／ alike「似ている」

HACK 88

aから始まる一部の形容詞は
なぜ名詞の前に置けないか？

Answer aから始まる一部の形容詞は、元々
on＋名詞の前置詞句で、
前置詞句は名詞の後ろにおいて
前の名詞を説明するから。

always の s は
何の s か?

まずは、次の例文をご覧ください。

> 例文
>
> **I always drink a cup of coffee in the morning.**
> 私はいつも午前中にコーヒーを一杯飲む。

　この例文の**always**には、当然のようにsが語尾についていますが、このsは一体何ものでしょうか。**always**以外にも、**sometimes**「時々」、**nowadays**「今日では」といった副詞にも、**語尾にsが付いています**。それ以外にも、例えば**besides**「さらに」、**indoors**「屋内で」、**outdoors**「屋外で」、**afterwards**「あとで」など、語尾に**s**が付く副詞は後を絶ちません。これらの**s**は一体何を意味するのでしょうか。

　単語の最後に**s**を付けるもので、すぐに思い浮かぶのは**複数形のs**です。確かに、**upstairs**「2階へ」、**downstairs**「階下で」などの副詞の**s**は、複数形の**s**です。元々階段の一段一段は**stair**で、階段全体を指す場合は、その一段一段の集合体である**stairs**とするので、**upstairs**、**downstairs**とします。しかし、上記にあげた副詞の**s**は、複数形の**s**とは違うようです。

● 副詞のsは昔の所有格の名残

　例えば、**my daughter's doll**「娘の人形」、**my brother's bicycle**「兄の自転車」、**the city's population**「その都市の人口」のように、**所有格にはアポストロフィsと言われる's を付けます**。現代英語でこそ、所有格は「〜の」と言って、後ろの名詞を所有するような使い方に限定されていますが、昔の英語では違いました。**現代の所有格に相当する語尾にsを付けた形は、「〜に」というような副詞にも使用することができました**。つまり、語尾の**s**は昔の所有格の名残で、昔の所有格は副詞のようにも使用することができたと考えら

れています。

> **sで終わる副詞**
>
> always「いつも」／sometimes「時々」／nowadays「今日では」／besides「さ
> らに」／indoors「屋内で」／outdoors「屋外で」／afterwards「あとで」
> ▶昔の所有格の名残!

　ちなみに、otherwise「さもなければ」のseも昔の所有格の名残と言われていますが、もっと重要な情報があります。otherwiseは多義語で、「さもなければ」以外にも、「他の方法で」、「その他の点で」という用法があります。

● otherwise は元々other ways

　otherwiseのwiseは元々waysと同じで、otherwiseとはother waysの意味なのです。すると、wayには「方法」と「点」という意味があるので、otherwiseに「他の方法で」、「その他の点で」という意味が生まれるのがわかるでしょう。これがわかれば、clockwiseの意味も類推できませんか?　clockwiseとは、元々clock ways「時計のやり方で」なので、「時計回りに」=「右回りで」という意味になります。

HACK
89

alwaysのsは何のsか?

Answer▶
語尾にsを付ける昔の所有格の名残。
昔の所有格には、副詞のように使う用法が
あった。otherwiseは元々other waysの
意味で、「他の方法で」、「その他の点で」
の意味が生まれた。

前置詞を
Hack する！

It's ten to five. は
「5時10分」 or 「4時50分」?

この表現も丸暗記していると、いざ使いたいときに出てこないし、言われても理解できない表現の1つになります。以前、行きつけのお寿司屋さんで、板前さんに「It's ten to five.って、4時50分でしたっけ、5時10分でしたっけ?」と聞かれて、とっさに答えられなかった記憶があります。

● to を矢印に置き換える

> **It's ten to five.**
> 4時50分だ。

結論から言うと、**It's ten to five.**は、「4時50分」になります。しかし、丸暗記していると10時5分なのか、5時10分なのかと色々な可能性が出てきてしまいます。この表現は、**toのコアのイメージである矢印に置き換えて考える**のがコツになります。

> **It's ten ⇒ five.**

すると、「5に向かって10がある」となるので、すなわち「5時に向かってあと10分ある」となり、「4時50分」を意味すると理解できます。この表現は、時刻を反対から数えた方が早い時に使う表現なので、5時まで残り10分とか5分というときに使います。前置詞の**to**は、コアのイメージである矢印をおさえておきましょう。次の文に進みます。

> **To my surprise, I had a lot in common with the woman.**
> 驚いたことに、私はその女性とたくさんの共通点があった。

to one's 感情名詞 「〜なことに」もtoの矢印のイメージで説明できます。この例文は、元々 **I had a lot in common with the woman to my surprise.** でした。これを矢印で考えてみます。

> # I had a lot in common with the woman ⇒ my surprise.

少しずつイメージがつかめてきましたか？　「私がその女性とたくさんの共通点があったことは、私の驚きになった」＝「その女性とたくさんの共通点があって、私は驚いた」になります。

もっとも、上の英文では、英語の情報構造である旧情報（受け手がすでに知っている重要ではない情報）から新情報（受け手が知らない重要な情報）への流れに反してしまいます。「驚いた」ことを伝えたいのではなく、「その女性と共通点がたくさんある」ことを伝えたいので、**to my surprise** を前に出して、以下の語順になります。

例文
2

To my surprise, I had a lot in common with the woman.

to one's 感情名詞 「〜なことに」という表現です。surprise以外にも、感情名詞のところにdisappointment、sorrow、regret、joyなどが入って、順に「**失望したことに**」、「**悲しいことに**」、「**残念ながら**」、「**嬉しいことに**」となります。

HACK 90

It's ten to five. は「5時10分」or「4時50分」?

Answer toは矢印に置き換えられるので、
It's ten ⇒ five. となって、
「5時まで10分ある」＝「4時50分」
の意味になる。

withにはなぜ「同伴」と「対立」という反対の意味があるか?

まずは、次の例文をご覧ください。

例文 1

I got angry with him.
私は彼に対して腹を立てた。

get angry with「〜に腹を立てる」という熟語ですが、ここでのwithはよく目にする「同伴（〜と一緒に）」ではなくて、反対の「対立（〜に対して）」の意味です。なぜwithという1つの前置詞に、「同伴」と「対立」という一見すると正反対の意味があるのでしょうか。withの歴史をひも解くことで、この謎を解き明かしていきます。次の英文に進みます。

例文 2

Japan fought with the U.S. in World War II.
日本は第二次世界大戦で、アメリカと戦った。

この文も、上と同様に「対立」のwithで、fight with「〜と戦う」の意味になります。次の文はどうでしょうか。

例文 3

Britain fought with France against Germany in World War II.
イギリスは第二次世界大戦で、フランスと一緒にドイツと戦った。

この例文では、fight withが「同伴（〜と一緒に）」の意味で使われていることに気付きましたか?そうです、withは元々「対立」の意味からスタートして、時代とともに「同伴」の意味でも使われるようになってきたのです。これがわかればしめたものです。次の例文

に進みましょう。

例文 4

I want a house with a large garden.
大きな庭付きの家が欲しい。

続いて、「同伴（〜と一緒に）」から、「大きな庭と一緒の家」＝「大きな庭付きの家」と、「所有（〜を持って）」の意味が生まれます。最後の例文です。

例文 5

You should wash your hands with soap.
石鹸を使って手を洗うべきだ。

次に、「所有（〜を持って）」から「道具（〜を使って）」の意味に広がります。例文でも、「石鹸を持って手を洗う」＝「石鹸を使って手を洗う」となります。

HACK 91

withにはなぜ「同伴」と「対立」という
反対の意味があるか?

Answer ▶ fight with「〜と敵対して戦う」が
「〜と一緒に戦う」の意味も持つように
なったように、「対立」⇒「同伴」へと
用法が広がっていったから。

「9時から始まる」は
start from nine か start at nine か?

例えば、「私たちの会社は9時から始まる」は、Our company starts from nine.とするか、Our company starts at nine.とするかを疑問に思うかもしれません。日本語の「〜から」に引っ張られると、ついついfromを使ってしまいがちですが、正解はatになります。

● at の核は「点」

Our company starts at nine.
私たちの会社は9時から始まる。

atの核は「点」になります。**例文1**は、いわゆる**時刻のat**と言われる用法ですが、なぜ時間にはatを使うのかを、atの核の「点」から考えていきましょう。

● 時計の針が指す一点をイメージ

atの核の「点」がなぜ時刻を表すのかというと、ネイティブは、**時計の針が指す先を一点ととらえている**からです。理屈がわかると、自信をもって「9時から」に**at nine**と使うことができるようになります。一方で、**from**が時間を伴って「〜から」で使えないことはないのですが、以下のような例文に限られています。

The shop is open from nine.
そのお店は、9時からあいている。

fromは「〜からずっと」という意味が含まれているので、**例文2**のような「〜からず

っとあいている」という文脈では使用することができます。**例文1** のような**start、begin**などの「始まり」を意味する動詞と時を表す**fromは一緒に使われません**。次の例文に進みましょう。

例文 3

I am at Tokyo Station now.
私は今東京駅にいます。

例文3 は、**場所のat**と言われる用法ですが、なぜ場所を表す際に**at**が使えるのでしょうか。これも、**at**の核である「**点**」から考えていきましょう。

● 地図上にある一点をイメージ

テーブルの上に地図を広げている状況をイメージしてください。どこか場所を指すときにピンポイントで、指を使って示しますね。ネイティブが場所を点でとらえているイメージがつかめたでしょう。**地図上の一点をイメージするので、場所を表す際にatを使うのです。** ちなみに、**例文3** の「東京駅」のような固有名詞には冠詞を付けずに、大文字で**Tokyo Station**と表記します。

一方で、「駅構内にいる」と伝えたいときは、以下の例文のようになります。

例文 4

I am in Tokyo Station now.
私は今東京駅の構内にいます。

実は、**自分の場所を伝える際のI am at 〜.やI am in 〜.**はとても便利な表現なので、待ち合わせで自分の場所を伝えたいときは、積極的に使ってみましょう。

HACK 92

「9時から始まる」は start from nine か start at nine か？

Answer ▶ start at nine。時計の針が指す一点をイメージしてatを使う。

It's on me. でなぜ 「私がおごる」になるか?

ネイティブの友人や英語でコミュニケーションを取る人と会食をした後、「私がおごるよ」と言いたいときは、It's on me.と言います。なぜこれが「おごる」という意味になるのでしょうか。

● on の核は「接触」

It's on me.のItはその場の「勘定」を意味しています。onの核は接触で、人を目的語にとることで、「人の心に接触して」=「人を信頼して」という信頼のonという用法が生まれます。よって、It's on me.「勘定は私に任せて」=「私がおごるよ」の意味になります。この信頼のonは、他にもすべて「頼る」という意味のdepend on、rely on、count on、fall back onなどに使われています。次の例文をご覧ください。

<table>
<tr><td>例文
1</td><td>That depends.
時と場合によります。</td></tr>
</table>

何とも質問に答えられないときに使えるとても便利な表現です。元々は、That depends on circumstances.「それは状況次第です」のon circumstancesが省略された表現になります。depend onは人を目的語にとると「〜を頼る」ですが、人以外を目的語にとると「〜次第だ」という意味になるので注意しましょう。次の例文に進みます。

<table>
<tr><td>例文
2</td><td>The meeting is going to be held on August 21st.
会議は8月21日に開かれる予定です。</td></tr>
</table>

日付や曜日を表す場合は、atやinではなくてonを使うと言われます。これはなぜなので

しょうか。

● 日付と曜日に「基づいて」行動する

- -

　onの核は接触と説明しましたが、そこから、何かが土台に乗っかっているイメージの**根拠のon**「〜に基づいて」という用法が生まれます。すると、**人は日付や曜日に「基づいて」行動する**ことがわかるはずです。クリスマスや誕生日にはお祝いをして、祝日には仕事を休みます。そして、日曜日も仕事を休み、キリスト教を信仰する人は教会にお祈りに行きます。よって、日付や曜日に「**基づいて**」行動することから、**on**を使うのです。次の例文をご覧ください。

例文 **3**

Much of the movie is based on fact.
その映画の大部分は事実に基づいている。

例文 **4**

He didn't lose the key on purpose.
彼はわざとカギをなくしたわけではない。

　根拠のon「〜に基づいて」は、 **例文3** のbe based on「〜に基づいている」や、 **例文4** の**on purpose**「わざと」に使われています。**on purpose**は、**根拠のon**「〜に基づいて」＋ purpose「目的」＝「目的に基づいて」＝「わざと」になります。

HACK

93

It's on me. でなぜ「私がおごる」になるか？

Answer onの核は「接触」。
人を目的語にとると、信頼のonの用法から
「勘定は私に任せて」＝「私がおごります」
の意味になる！

I'm all for it. で なぜ「大賛成」になるか?

何かしらの提案をされたときに、心から賛同できるものなら、I'm all for it.とすることで、「大賛成」の意味になります。なぜこのような意味が生まれるのでしょうか。forの核心に迫っていきます。

● for の核は方向性

forの核は、**HACK90**で紹介した**to**と少し似ています。次の例文をご覧ください。

例文
1

I took a train to Osaka.
私は電車に乗って大阪に行った。

例文
2

I took a train for Osaka.
私は大阪行きの電車に乗った。

toも**for**も同じ矢印で表せるのですが、**to**は矢印でも「到達」の意味が含まれています。一方で**for**の矢印は「出発」の意味だけで到達の意味が込められているわけではありません。例文1 では、**to**が使われているので大阪に到着したことがわかりますが、例文2 では、**for**が使われているので「大阪行きの」と方向性が示されているだけの文になります。次の例文に進みます。

例文
3

This is the Nozomi superexpress bound for Osaka.
このぞみ新幹線は、大阪行きです。

新幹線に乗ると流れてくるアナウンスに、**例文3**のような英文があります。**super express**で「超特急」の意味ですが、新幹線を意味するものと思ってください。**be bound for**「～行きの」という熟語が、分詞となって**bound for ~**となっています。この**for**も方向性を表す**for**とご理解ください。

　そして、**forの核である方向性から、心が何かに向かうことで、賛成のfor**という用法が生まれます。タイトルに戻ると、**I'm all for it.**で「**大賛成**」の意味になります。**all**は強調で「すっかり」の意味になります。次の例文です。

例文4

Are you for or against this proposal?
この提案に賛成ですか、反対ですか。

　「～に賛成」の表現をおさえたら、「**～に反対**」の表現もおさえましょう。シンプルに**against**を使って、**例文4**のように「反対」を意味することができます。最後の例文です。

例文5

You're asking for it.
自業自得だ。

　ちなみに、**for**の方向性「～に向かって」から、**追求のfor**「～を求めて」が生まれます。**ask for**「～を求める」から、**You're asking for it.**「あなたがそれを求めているんだ」、すなわち「**自業自得だ**」となります。

HACK 94

I'm all for it.でなぜ「大賛成」になるか？

Answer forの方向性から、心が向かうことで「賛成」を意味する！

I'll be back in ten minutes. で なぜ「10分後に戻る」になるか?

前置詞のinには、「〜後に」という時の経過を表す用法があります。inは現在を起点にして未来の「〜後に」を表す用法です。注意が必要なのが、現在を起点とするときにafterを使わないようにすることです。afterは、過去時制で「〜後に」と使うと理解しておきましょう。下の例文をご覧ください。

例文1

I met her after a week.
私は1週間後に彼女と会った。

一方で、そもそもなぜinを使うと「〜後に」という意味を表せるのでしょうか。

● in の核は包含

この疑問を解消するには、「〜の中で」という日本語から離れて、「**包含（包み、含まれている）**」というinの核をつかむことが重要になります。見出しに登場する例文は、**I'll be back「戻ってくる」という行為が10分という時間の中に包み含まれている**ことがわかります。だから、inで時の経過を表すことができるのです。このinの核をつかむと、色々な用法がつながってきます。次の例文に進みます。

例文2

The sun rises in the east.
太陽は東から昇る。

「〜から」の日本語に引っ張られて、**from**を使わないようにしましょう。**方角のin**という用法です。なぜ英語では、方角を表す際にinを使うのか、丸暗記せずに考えていきましょう。これも、実はinの包含のイメージで理解できます。通常日本人の感覚で「〜の方へ」

というと、点のイメージが強いものです。しかし、英語を使う人の感覚では、**「東の方」**、**「西の方」**というと、**大きな空間をイメージ**します。大体あっちの方という感じです。すると、以下のような例文も理解できるはずです。

例文3

The sun sets in the west.
太陽は西に沈む。

　東から昇ろうと、西に沈もうと、ネイティブは方角を空間でとらえているので、**その空間に包まれているイメージから**inを使います。次の例文に進みます。

例文4

You look nice in red.
赤い服が似合いますね。

　着用のin「〜を着て」という用法ですが、これも**in**の**包含**のイメージで理解できます。例えば、赤いセーターなどに**人がすっぽりと包まれている**イメージです。**Men In Black**という映画が流行りましたが、これも「黒い服を着た男たち」で、**着用のin**が使われています。次の例文に進みます。

例文5

I am in good health.
私は元気です。

　これは**状態のin**という用法です。**in good heath**「良い健康状態で」＝「元気で」になります。**人が元気なオーラに包まれているイメージ**です。他にも、**fall in love with**「〜と恋に落ちる」も、**状態のin**が使われています。例文をご覧ください。

例文 6

I fell in love with my girlfriend at our school.
私は学校でガールフレンドに恋をした。

これも**in**の**包含**のイメージから理解できます。私とガールフレンドが、大きなハートマークに包まれているイメージです。

今まで説明した用法は、**時の経過のin、方角のin、着用のin、状態のin**とすべて**in**の**包含**のイメージから派生するものでした。前置詞は、その核をつかむことで、複数の用法を一網打尽で理解できる分野になります。

HACK 95

I'll be back in ten minutes. で
なぜ「10分後に戻る」になるか?

Answer ある行為がある時間に包まれている
イメージなので**in**を使う!

Let's talk over a cup of coffee. でなぜ「コーヒーを飲みながら話そう」になるか?

まずは、以下の例文をご覧ください。

例文
1

Let's talk over a cup of coffee.
コーヒーを飲みながら話しましょう。

　これは通称従事のover「〜しながら」と言われる用法で、**talk over a cup of coffee**で「コーヒーを飲みながら話す」、**talk over a cup of tea**「お茶を飲みながら話す」という表現です。世界各地で喫茶店文化は根強いので、非常に使い勝手の良い表現になります。しかし、そもそもなぜ**over**で「〜しながら」の意味になるのでしょうか。**over**の核から考えていきます。

● over の核は「〜の上に」

　overの核は、多くの人のイメージ通りで「**〜の上に**」になります。以下の例文をご覧ください。

例文
2

There is a nice bridge over the river.
その川に素敵な橋が架かっている。

　直訳すると「その川の上に素敵な橋がある」=「その川に素敵な橋が架かっている」となります。 例文1 の**over**も、元々は「〜の上に」です。直訳すると、「**コーヒーの上で話をしよう**」ですが、状況を思い浮かべてみましょう。テーブルに2人の人が向かい合って

座り、コーヒーの上を会話が行き交うイメージです。そこから、**talk over a cup of coffee** で「コーヒーの上で話をする」＝「コーヒーを飲みながら話をする」となりました。次の文に進みます。

● beyond ＋ 抽象名詞 は否定の意味になる

例文 3	**My house is just beyond that road.** 私の家はあの道路のすぐ向こうにある。

例文 4	**The city is nice beyond description.** その都市は、説明できないほど素敵だ。

beyondは「〜を越えて」という意味で、 **例文3** のように、「その道路を越えて」と通常は物理的な位置を意味します。一方で、 **例文4** のようにdescription「描写、説明」を目的語にとると、「描写を越えて」＝「説明できないほど」と否定の意味になります。

他にも、**beyond belief**「信じられないほど」、**beyond understanding**「理解できないほど」のように、**beyond**の後ろに抽象名詞（目に見えない名詞）を置くと、**否定の意味を込める**ことができるのです。次の例文に進みます。

● under ＋ 抽象名詞 は最中の意味になる

例文 5	**My daughter got out from under the table.** 私の娘がテーブルの下から出てきた。

例文 6	**Your proposal is now under discussion.** あなたの提案は現在議論の最中だ。

例文5 のようにunderも、通常は「〜の下に」という物理的な位置を示します。一方で、例文6 のようにdiscussionを目的語にとると、「議論の最中だ」という意味になります。underも元々は「〜の下に」の意味ですが、抽象名詞を目的語にとると、「〜の影響下」にあることから、「〜の最中」の意味が生まれます。他にも、**under construction**とすると「建設中だ」の意味になります。

HACK 96

Let's talk over a cup of coffee.でなぜ「コーヒーを飲みながら話そう」になるか?

Answer 「コーヒーの上を話が行き交う」様子から「コーヒーを飲みながら話す」の意味になる!

否定・疑問を
Hackする！

I will not marry him because he is rich. は 「金持ちだから結婚しない」?

日本語訳を当てはめてみましょう。「彼はお金持ちだから、私は彼とは結婚しないわ」では、因果関係が合わないので、おかしいことに気付きます。「お金持ち」という原因から、「結婚しない」という結果には通常なりません。おそらく文脈から考えて、「私が彼と結婚するのは、お金持ちだからじゃないわ」と解釈すべき文でしょう。実は、notには、今見てきたように、複数の解釈を生む可能性があるのです。

● not の射程

このように、notを含む文で複数の解釈が生まれることをnotの射程といいます。notはそれより後ろにあるものを打ち消すわけですが、見出しで使用した英文の最初の解釈は、以下のようにとらえているのです。

> I will not marry him because he is rich.
> ⇒青字の部分がnotの及ぶ範囲

最初の解釈では、notの否定が及ぶ領域が、marry himまでととらえているので、「彼が金持ちだから結婚しない」という訳になりました。一方で、2番目の訳は、以下のようにとらえています。

> I will not marry him because he is rich.
> ⇒青字の部分がnotの及ぶ範囲

notの否定が及ぶ領域が、marry him because he is richまでとなりました。すると、「彼が金持ちだから結婚するわけではない」と、正しい解釈になります。次の英文はどういう訳になるのかを考えてみてください。

Q. どんな意味になるか?

I did not marry him because he was poor.

これは、「貧乏だから、私は彼とは結婚しなかった」と一般的な因果関係が成立します。この場合は、**not**の射程を以下のようにとらえています。

I did not marry him because he was poor.
⇒青字の部分が**not**の及ぶ範囲

特に、**not**と**because**がセットで使われている文は、はたして**not**の射程が文の最後まで
なのか、**because**の手前で切れるのかをしっかりと確認しましょう。次の文もどのような
意味になるのかを考えてみてください。

Q. どんな意味になるか?

She has not been in Tokyo for three months.

おそらく、「彼女は東京に3ヵ月間いなかった」と解釈するでしょう。しかし、この文も「**3
ヵ月不在にしている**」、あるいは「**東京に来てから3ヵ月たっていない**」と2通りの解釈が
可能になります。「3ヵ月不在」の場合は、**notの射程はbeen in Tokyoまで**になります。一
方で、「3ヵ月経過していない」の場合は、**notの射程はbeen in Tokyo for three months**に
なります。実際の会話では紛らわしい表現は使わない方が理想ですが、**not**の及ぶ領域で、
しっかりとポーズを取ってから発声すると、意味が伝わりやすくなるでしょう。

HACK
97

I will not marry him because he is rich. は
「金持ちだから結婚しない」?

Answer　正しくは
「金持ちだから結婚するわけではない」!

cannot A without B にどんな思いが込められているか?

英語では二重否定の表現がいくつか存在します。マイナス×マイナス＝プラスのような説明を見かけますが、はたして本当にそうなのでしょうか。以下の例文をご覧ください。

● cannot A without B「Aすると必ずBする」

例文1

I cannot listen to that song without remembering those days.
私は当時を思い出さずに、その歌を聞くことはできない。
＝ 私はその歌を聞くと、必ず当時を思い出す。

公式としては**cannot A without B**で、「**Bなしでは A できない**」＝「**A すると必ず B する**」という表現です。**cannot**がマイナスで、**without**もマイナスなので、プラスになるという表現ですが、1つの疑問が生じるはずです。最終的にプラスになるのならば、なぜそもそも以下の例文のように最初から肯定表現で書かないのでしょうか。

例文2

When I listen to that song, I remember those days.
私はその歌を聞くと、当時を思い出す。

例文1 と **例文2** は、文の意味は限りなく近いのですが、ニュアンスが違います。では、どういった違いがあるのでしょうか。

● 二重否定は普通の肯定より強い肯定になる

実は、冒頭で紹介したマイナス×マイナス＝プラスというのは、少々正確性を欠いた説

明と言わざるをえません。

　あえて二重否定を使うのは、単なる肯定表現と異なるニュアンスがあるからです。**二重否定は、通常の肯定表現よりも強い肯定表現**となるのです。よって、正確には**マイナス×マイナス＝強いプラス**が正しい理解になります。すると、**cannot A without B**のニュアンスが理解できるはずです。まずは、**cannot A without B**「**Bなしではできない**」＝「**Aすると必ずBする**」と「必ず」の訳が生まれることがわかるでしょう。何より、**例文2**よりも、**例文1**の方が、切実な感じが伝わると思います。次の例文に進みましょう。

● never fail to「必ず～する」

> **例文3**
>
> ## Never fail to carry your valuables with you.
> 貴重品は必ず携帯していなさい。

　never fail toは、元々**never**「決して～ない」と**fail to**「～しない」なので、二重否定表現になります。二重否定は通常よりも強い肯定表現になるので、「必ず～する」になります。**例文3**では、例えば治安があまり良くない地域なので、「必ず携帯するように！」という強いメッセージが伝わるでしょう。よって、これからは、**二重否定表現が強いメッセージであること**を踏まえて、話すときも聞くときも意識してみると良いでしょう。

cannot A without Bにどんな思いが込められているか？

Answer ▶ cannot A without B「Bなしではできない」
＝「Aすると必ずBする」になるように、
通常の肯定文よりも強いメッセージになる！

not を使わない否定表現を Hack する！

notを使わない否定表現はたくさんありますが、複数の表現をHackしていきます。まずは、「決して〜ない」の意味になるfar from、anything but、by no meansの3つを紹介していきます。far from「決して〜ない」から見ていきましょう。

● far from「〜からほど遠い」=「決して〜ない」

My life is far from perfect.
私の人生は決して完璧ではない。

far fromは「〜からほど遠い」=「決して〜ない」になります。上の例文でも、far from perfect「完璧からはほど遠い」=「決して完璧ではない」になります。続いて、anything but「決して〜ない」です。

● anything but「〜以外は何でも良い」=「決して〜ない」

He was anything but happy to see her.
彼は彼女と会っても決して幸せではなかった。

anything butは前置詞のbutがポイントになります。前置詞のbut「〜以外に」と、anythingが「何でも」という意味なので、anything but「〜以外は何でも良い」=「決して〜ない」になります。上の例文でも、「幸せ以外なら何でも良い」=「決して幸せではない」になります。続いて、by no means「決して〜ない」に進みます。

● by no means「どんな手段でも〜ない」＝「決して〜ない」

例文3

He is by no means an inexperienced teacher.
彼は決して未熟な教師ではない。

　by no meansは**means**が名詞で「**手段**」の意味になるのがポイントです。**by no means**「**ど んな手段によっても〜ない**」＝「**決して〜ない**」になります。上の例文でも、「彼はどんな手段によっても未熟な教師とは言えない」＝「彼は決して未熟な教師ではない」になります。続いて、**the last person to**「**最も〜しそうにない**」に進みます。

● the last person to「〜する最後の人」＝「最も〜しそうにない」

例文4

She would be the last person to believe that.
彼女はそんなことを決して信じないだろう。

　the last person to「**〜する最後の人**」＝「**最も〜しそうにない**」になります。上の例文でも、「彼女はそんなことを信じる最後の人だろう」＝「彼女はそんなことを決して信じないだろう」になります。続いて、**have yet to**「**まだ〜ない**」に進みます。

● have yet to「まだ〜しなければならない」＝「まだ〜ない」

例文5

I have yet to read the book.
私はまだその本を読んでいない。

　have yet to「**まだ〜ない**」は、**have to**「**〜しなければならない**」と**yet**「**まだ**」に分けることが重要です。この例文でも、**have yet to read the book**「まだその本を読まなければならない」＝「まだその本を読んでいない」ことになります。続いて、**remain to be**

p.p.「まだ〜ない」に進みます。

● remain to be p.p.「これから〜されるものとして残っている」=「まだ〜ない」

例文
6

Much homework remains to be done.
多くの宿題がまだ終わっていない。

----

remain to be p.p.は、remain「残っている」＋ to be p.p.は不定詞の未来志向から、「これから〜される」です。よって、**remain to be p.p.「これから〜されるものとして残っている」**＝「まだ〜ない」になります。上の例文でも、「多くの宿題がこれからするものとして残っている」＝「多くの宿題がまだ終わっていない」になります。最後に、**free from**「〜がない」です。

● free from「〜から解放されて」＝「〜がない」

例文
7

This town is free from air pollution.
この街には大気汚染がない。

----

far fromと似た表現ですが、**far from**が文の否定表現になるのに対して、**free fromは後ろの名詞が存在しない**という意味になります。例えば、**He is free from prejudice.**「彼は偏見から解放されている」＝「彼は偏見がない」となります。例文でも、「この街は大気汚染から解放されている」＝「この街には大気汚染がない」になります。

HACK 99

notを使わない否定表現をHackする！

● **far from**

> **Answer** 「～からほど遠い」＝「決して～ない」

● **anything but**

> **Answer** 「～以外は何でも良い」＝「決して～ない」

● **by no means**

> **Answer** 「どんな手段でも～ない」
> ＝「決して～ない」

● **the last person to**

> **Answer** 「～する最後の人」
> ＝「最も～しそうにない」

● **have yet to**

> **Answer** 「まだ～しなければならない」
> ＝「まだ～ない」

● **remain to be p.p.**

> **Answer** 「これから～されるものとして残っている」
> ＝「まだ～ない」

● **free from**

> **Answer** 「～から解放されて」＝「～がない」

HACK 100 疑問詞の後の the hell は どんな意味?

正規の英文法では、疑問詞を強調する表現として、以下のような表現を学びます。

例文 1

What in the world was that?
あれは一体何だったんだ?

例文 2

What on earth are you saying?
あなたは一体何を言っているんだ?

疑問詞を強調する表現として、**in the world**、**on earth**があります。**例文 1** は、「それは世界中にある中の何だったんだ?」＝「**一体**何だったんだ?」で、**例文 2** は「あなたは地球上にある中の何を言っているんだ?」＝「**一体**何を言っているんだ?」となります。いずれも、疑問詞の**What**の後ろに**in the world**、**on earth**を置くことで、疑問詞を強調する表現になります。一方で、以下の例文をご覧ください。

例文 3

What the hell was that?
あれは一体何だったんだ?

疑問詞の後に**the hell**を置くと、**in the world**、**on earth**と同様に、**疑問詞を強調**することができます。実際に、日常会話では、**in the world**、**on earth**よりも頻繁に使用する表現なので、英語が使われる映画やドラマなどを見ていると、しょっちゅう使われているのがわかるでしょう。もっとも、**hell**は「地獄」の意味なので、正式ではないスラングという扱いを受けてはいますが、もう少しするとまた位置づけが変わって来るかもしれません。

● 疑問詞の後ろになぜ the hell を置くのか?

最初の疑問は、例文1や例文2などの表現では**in the world**、**on earth**と前置詞のカタマリなのに、なぜ**the hell**と名詞だけなのか?という点でしょう。その疑問は正しいもので、**the hell**も元々は**in hell**という前置詞のカタマリでした。それでは**world**、**earth**、**hell**に共通するものは何でしょうか?

● 広い世界を表すin the world, on earth, in hell

in the world「世界中で」、**on earth**「地球上で」、**in hell**「地獄で」は、すべて広い世界を表します。おおよそ「この世にある中で」と強調したいのでしょう。ちなみに、**hell**を少しぼかした以下のような表現も存在します。

例文 **4**

What the heck was that?
あれは一体何だったんだ?

---

hellを**heck**と、スペリングを微妙に変えることで、ぼかす用法です。**God**をぼかすために、**Gosh**や**Goodness**と表現するのと同様です。

疑問詞の後のthe hellはどんな意味?

Answer　「一体」と疑問詞を強調する表現。スラングだが、in the world、on earthなどよりも頻繁に使われる。

英文暗唱
トレーニング

　英文法を理解しただけでは、実際の英会話や英作文などに応用することができません。英文法を英会話や英作文に生かすために、最もおすすめなのは、**英文暗唱**になります。

　英文暗唱というのは、一見古くて単純作業に思えるかもしれませんが、実際の英会話や英作文には最も有効な手段になります。

　何より、**実際の英会話やメールなどで英語を話したり書いたりする際に、すぐに使える表現というのは、丸暗記している表現**なのです。

　もっとも、本書では徹底して理解を大切にして説明してきました。英文法学習の究極の形態とは、理解したうえでの丸暗記なのです。

　暗記のコツは、できる限り日本語を介在させずに、**英文をそのまま丸暗記してしまう**ことです。もっとも、何かしらの手掛かりがないと、英文がスラスラ出てくるのは不可能なので、おすすめは**最初の2語を見て、後ろに続く英文をスラスラと言えるように仕上げる**ことです。音声ファイルをダウンロードできるので、発音に迷ったら、音声を聞いて確認してみてください。なお、本編では理解を促すために、書き言葉や、現代英語ではあまり使用しない文体も用いましたが、これ以降の『**英文暗唱トレーニング**』に登場するすべての英文は、ネイティブチェックをかけて不自然な表現を削除、修正したものなので、丸暗記していただいて、どんな場面でも自信をもって使ってください。

PART 1 時制をHackする!

1	The train bound for Osaka leaves at nine.	大阪行きの電車は9時に出発します。
2	I walk to work every day.	私は毎日職場まで歩いて行く。
3	I like taking pictures.	私は写真を撮ることが好きです。
4	The next holiday falls on Monday.	次の祝日は、月曜日にあたります。
5	I am leaving for Sapporo tomorrow morning.	明日の朝札幌に出発します。
6	I know his father very well.	私は彼の父をとてもよく知っている。
7	She resembles her sister.	彼女は姉に似ている。
8	I am living in Sapporo.	私は一時的に札幌に住んでいる。
9	I often played basketball when I was in high school.	私は高校生のころ よくバスケットボールをした。
10	I would like to sit here.	ここに座りたいのですが。
11	I was wondering if you could wait a moment.	少々お待ちいただけると ありがたいのですが。
12	He is always watching television.	彼はいつもテレビを見てばかりいる。
13	You are always thinking about other people.	あなたはいつも人のことばかり考えているね。
14	I have just finished my homework.	ちょうど宿題を終えたところだ。
15	He has gone to Sapporo.	彼は札幌に行ってしまった。
16	I have been to Hawaii many times.	今までにハワイに何回も行ったことがある。
17	I have lived in Tokyo for ten years.	私は10年前から東京で暮らしている。
18	I have been working at this company for three years.	私はこの会社で3年間働いている。
19	It has been raining since this morning.	今朝からずっと雨が降り続いている。
20	We have known each other since college.	私たちは大学生のころからの知り合いだ。
21	If it rains tomorrow, I will stay at home.	明日雨なら家にいるよ。

| 22 | If you will help me, I'll be happy. | もしあなたが手伝ってくれるなら、私は嬉しい。 |

PART 2 助動詞をHackする！

23	I will go to Kyoto.	そうだ　京都、行こう。
24	I am going to (go to) Kyoto.	私は京都に行く予定だ。
25	I may be late for the meeting.	会議に遅れるかもしれない。
26	He might be in Sapporo now.	彼は今札幌にいるかもしれない。
27	He should be here at around eight.	彼は8時くらいにはここにいるはずだ。
28	Please seat yourself.	どうぞおかけください。
29	I'm very pleased with my new job.	私は新しい仕事がとても気に入っている。
30	I used to live in Shizuoka, but now I live in Tokyo.	以前は静岡に住んでいたが、今は東京で暮らしている。
31	I am used to living in the country.	私は田舎での暮らしに慣れている。
32	My children are not accustomed to their new surroundings.	子供たちは新しい環境に慣れていない。
33	I am used to traveling abroad.	私は海外旅行に慣れている。
34	You had better go home.	家に帰った方が良い。
35	You might have a cold.	あなたは風邪を引いているかもしれない。
36	It is time you went home.	家に帰る時間だ。
37	I was able to pass the test.	私はその試験に合格することができた。
38	The baby can already walk.	その赤ん坊はもう歩くことができる。
39	She isn't able to walk because of her broken leg.	彼女は脚を骨折したので歩くことができない。
40	You must go there alone.	あなたはそこに一人で行かなければならない。
41	You have to finish the paper today.	あなたはその論文を今日終わらせなければならない。
42	You must not go there alone.	あなたはそこに一人で行ってはいけない。
43	You don't have to finish the paper today.	あなたはその論文を今日終わらせなくても良い。

44	I would rather swim in the sea than play golf.	私はゴルフをするよりむしろ海で泳ぎたい。
45	This may well be the last chance for me.	これは私には最後のチャンスになるだろう。
46	You may well be surprised at the news.	あなたがそのニュースを聞いて驚くのももっともだ。
47	You might as well go out.	外に出てみたら。
48	I suggested that we go out to eat this Sunday.	私は、私たちが今週の日曜日に外食することを提案した。
49	He demanded that she tell him the truth.	彼は彼女に真実を言うように要求した。
50	He proposed that I should lead the group.	彼は、私がそのグループを率いるように提案した。
51	It is essential that she overcome the difficulties.	彼女がその困難を乗り越えるのは不可欠だ。

PART 3 仮定法をHackする！

52	If I were you, I would wait a bit.	もし私があなたなら、もうちょっと待つのに。
53	A true gentleman would not do such a thing.	本当の紳士なら、そんなことはしないだろう。
54	With a little more money, I could buy that house.	もうちょっとお金があったら、その家を買えるのに。
55	Ten years ago, I could have run to the station.	10年前なら、私は駅まで走って行けたのに。
56	I wish you were here.	あなたもここにいてくれたらなあ。
57	I wish I could have a date with her.	彼女とデートできたらなあ。
58	If the children were to go to an amusement park, they would be happy.	遊園地に行くとしたら、子供たちは喜ぶだろう。
59	If you were to move a little, we could see the screen clearly.	少し動いてくださると、はっきりとスクリーンが見えるのですが。
60	If I were the boss, I would fire her.	もし私が上司なら、彼女を解雇するのに。
61	If it were not for water, we could not survive.	水がなければ、私たちは生きていけないだろう。
62	If it were not for you, I could not survive.	あなたがいなければ、私は生きていけないだろう。

PART 4 受動態をHackする！

63	My bag was stolen last night.	私のカバンが昨晩盗まれた。

64	I was fired by the company last year.	私は昨年その会社に解雇された。
65	Many people were killed in the accident.	多くの人がその事故で亡くなった。
66	Many books are sold at that store.	多くの本があの店では売られている。
67	My house was built five years ago.	私の家は5年前に建てられた。
68	The meeting is going to be held next Monday.	その会議は来週の月曜に開かれる予定です。
69	I was very surprised at the news.	私はそのニュースにとても驚いた。
70	I was disappointed at the company's decision.	私は会社のその決定に落ち込んだ。
71	He is very satisfied with your work.	彼はあなたの仕事にとても満足しています。
72	I was born in Tokyo and brought up in Sapporo.	私は東京で生まれ札幌で育った。
73	I have been married for five years.	私は5年前に結婚した。
74	I have been married to my wife for ten years.	私は妻と結婚して、10年になる。
75	I got married when I was 35 years old.	私は35歳の時に結婚した。
76	My parents objected to my going abroad alone.	私の親は、私が一人で海外に行くことに反対した。
77	I oppose racism in all its forms.	私はあらゆる形態の人種差別に反対する。
78	They are opposed to building a new airport.	彼らは新しい空港を建設することに反対している。
79	I am against the plan.	私は、その計画に反対だ。

PART 5 不定詞をHackする！

80	It is impossible for me to finish this work alone.	私がこの仕事を一人で終えるのは不可能だ。
81	It is kind of you to call me.	電話してくれてありがとう。
82	She is to arrive tomorrow morning.	彼女は明日の朝到着する予定です。
83	You are not to leave this building.	あなたはこの建物を出てはいけません。
84	He was kind enough to show me around.	彼は親切にも私を案内してくれた。
85	I have enough time to take a vacation.	私には、休暇を取る十分な時間がある。

86	I've had enough.	もうお腹いっぱい。
87	Enough of this.	もううんざりだよ。
88	You are capable of finishing the job.	あなたがその仕事を終えることは可能だ。
89	He is impossible to get along with.	彼とうまくやっていくのは不可能だ。
90	All you have to do is (to) do your best.	あなたは最善を尽くすだけで良い。
91	I had no choice but to give up smoking.	私はタバコをやめざるをえなかった。
92	To be frank with you, I don't like that teacher.	率直に言うと、あの先生が好きではない。
93	It got dark, and to make matters worse, it began to snow.	暗くなってきて、さらに悪いことに、雪も降り始めた。
94	Needless to say, he was very angry.	言うまでもないが、彼はとても怒っていた。

PART 6 動名詞をHackする！

95	Remember to email him.	彼に忘れずにメールをしておいて。
96	I remember seeing you somewhere.	私はどこかであなたとお会いしたのを覚えています。
97	Don't forget to lock the door.	ドアに鍵をかけるのを忘れないで。
98	I'll never forget visiting Hawaii last year.	昨年ハワイに行ったことを決して忘れないでしょう。
99	Nice to meet you.	お会いできて嬉しいです（初対面の出会いがしら）。
100	Nice to see you.	お会いできて嬉しいです（2回目以降の出会いがしら）。
101	Nice meeting you.	お会いできて嬉しいです（初対面の別れるとき）。
102	My hobby is taking pictures of cats and dogs.	私の趣味は、猫や犬の写真を撮ることです。
103	I am taking a walk in the park now.	私は、今公園を散歩している最中です。
104	I enjoyed being with you.	ご一緒できて楽しかったです。
105	You have to practice parking.	あなたは駐車の練習をしなければならない。
106	I'm considering starting a business.	私は事業を始めようかと考えている。
107	I cannot imagine living in that country.	私はその国での生活が想像できない。

108	I gave up drinking alcohol last year.	私は昨年お酒を飲むのをやめた。
109	I finished writing a report yesterday.	私は昨日報告書を書き終えた。
110	It stopped raining an hour ago.	雨は1時間前に降りやんだ。
111	I barely escaped being hit by a car.	私はかろうじて車にひかれるのをまぬがれた。
112	You should avoid asking trivial questions.	あなたはつまらない質問をするのを避けるべきだ。
113	Would you mind moving to the next chair?	隣の椅子に移ってくださいますか。
114	I'm planning to go there next week.	来週そこへ行くつもりだ。
115	I promised to meet her at seven.	私は彼女と7時に会う約束をしている。
116	I decided to quit my company.	私は会社を辞めることに決めた。
117	He refuses to talk about his family.	彼は自分の家族について話したがらない。
118	Don't hesitate to ask me.	遠慮なく私に尋ねてください。
119	I hope to see you tomorrow.	明日お会いしましょう。
120	I would like to sit here.	ここに座りたいのですが。
121	It is no use crying over spilt milk.	覆水盆に返らず。
122	It goes without saying that he is an excellent worker.	彼の仕事が素晴らしいことは言うまでもない。
123	When it comes to entertaining children, I am totally useless.	子供を楽しませることになると、私はまるで駄目だ。
124	There is no accounting for tastes.	蓼食う虫も好き好き。
125	I feel like crying.	私は泣きたい気分だ。
126	The museum is worth visiting.	その博物館は訪れる価値がある。
127	What do you say to going out for a meal?	食事に出かけようか？
128	What about taking a coffee break?	コーヒーブレイクを取りませんか？

PART 7 分詞をHackする！

129	I like to read.	私は本を読むことが好きだ。

130	I want something to read.	私は何か読むものがほしい。
131	I went to a library to read books.	本を読むために図書館に行った。
132	I like walking in the park.	私は公園を散歩するのが好きだ。
133	The man walking his dog is my brother.	犬を散歩させているのは、私の兄です。
134	Walking along the street, I came across my old friend.	通りを歩いていると、旧友にばったりと出会った。

PART **8** 関係詞を**Hack**する！

135	I like the muffins, which are sold at that store.	私はそのマフィンが好きで、（そしてそれは）あの店で売っています。
136	I have a friend, who works as a violinist.	私には友人がいて、（そしてその人は）バイオリニストをしている。
137	I went to London, where I first met her.	私はロンドンに行き、（そしてそこで）初めて彼女と出会った。
138	I didn't understand what he said.	私には彼が言ったことがわからなかった。
139	I have a friend who is a doctor.	私には医者の友達がいる。
140	I believe what you told me.	私は、あなたが語ったことを信じている。
141	These are the people who work for my company.	こちらは私の会社で働いている人たちです。
142	I will take whoever wants to go.	行きたい人は誰でも連れて行くよ。
143	You may do whatever you like.	あなたが好きなことを何でもやって良い。
144	You may take whichever you like.	あなたが好きなものをどれでも取って良い。
145	No matter who comes, you must not let him or her in.	たとえ誰が来ても、中に入れてはいけない。
146	It is amazing how young you are.	あなたの若さには驚かされる。
147	No matter what happens, you must finish this work.	たとえ何が起きても、あなたはこの仕事を終えなければならない。

PART **9** 比較を**Hack**する！

148	This job is not as difficult as that one.	この仕事はあの仕事ほど難しくはない。
149	I am not so much angry as sad.	私は怒っているよりむしろ悲しい。

150	She is more pretty than beautiful.	彼女はきれいというよりむしろ可愛らしい。
151	This video camera is no bigger than my hand.	このビデオカメラは、私の手ほどの大きさしかない。
152	He is the tallest in my department.	彼は私の部署では一番背が高い。
153	I get up earliest in my family.	私は家族で一番早起きだ。
154	He works the hardest in my company.	彼は私の会社で一番働き者だ。
155	I am happiest while cooking.	料理している間が、私は最も幸せだ。
156	He is the younger of the two.	彼は二人のうち若い方だ。
157	The older we get, the wiser we become.	年を取れば取るほど、それだけ賢くなる。
158	He is none the happier for his wealth.	彼はお金があっても、少しも幸せではない。
159	No other mountain in Japan is as high as Mt. Fuji.	富士山ほど高い山は日本にはない。
160	Nothing is as precious as time.	時間ほど貴重なものはない。
161	Mt. Fuji is higher than any other mountain in Japan.	富士山は日本の他のどの山よりも高い。
162	It couldn't be better.	最高だ。
163	I couldn't agree more.	大賛成。

PART 10 接続詞をHackする！

164	Although it was raining, I decided to go out.	雨が降っていたけれども、外出することにした。
165	I like to play baseball, though I'm not so good at it.	私は野球をするのが好きだ、もっともあまり得意ではないが。
166	I bought a car. It's second-hand, though.	車を買ったよ。中古だけどね。
167	What is important, though, is never to give up.	けれども、重要なのは決してあきらめないことだ。
168	Even though he is strict, he is a good teacher.	彼は厳しいけれども、優れた教師だ。
169	No sooner had I left home than it started raining.	家を出るとすぐに、雨が降り始めた。
170	As soon as I heard the news, I called her.	その知らせを聞くとすぐに、彼女に電話をした。
171	It was not until yesterday that I heard the news.	昨日になって初めてそのニュースを耳にした。

172	As long as I can work, I'll have enough money to live.	仕事ができる限り、生きていくための十分なお金があるだろう。
173	I don't care as long as you are happy.	あなたが幸せでいる限り、私は気にしない。
174	The ocean stretches as far as the eye can see.	見渡す限り、海が広がっている。
175	As far as I know, she has nothing to do with the case.	私が知る限り、彼女はその事件とは何も関係がない。
176	As far as I am concerned, I have no complaints.	私に関する限り、不平はない。

PART 11 名詞・冠詞をHackする！

177	I have to exchange money when I arrive at the airport.	空港に着いたら、両替しなければならない。
178	There is much furniture in my room.	私の部屋には家具がたくさんある。
179	May I have some water, please?	お水をいただけますか。
180	Would you like to go for coffee?	コーヒー飲みに行きませんか？
181	It's a piece of cake.	朝飯前だよ。
182	For more information, please contact our office at extension 777.	詳細については、番号777で弊社までお問い合わせください。
183	I went to bed at eleven last night.	私は昨晩11時に寝た。
184	I came here by bus.	私はここまでバスで来た。
185	I got a call from a Mr. Suzuki.	鈴木さんという人から電話があった。
186	Do you have the time?	今何時かわかりますか？
187	Do you have time?	今お時間ありますか？
188	There is a cat under the table.	テーブルの下に猫がいる。
189	There is a parking lot near my house.	私の家の近くに駐車場があります。
190	The strong must help the weak.	強者は弱者を助けなければならない。
191	It is said that the Japanese work too much.	日本人は働きすぎだと言われている。
192	The Dutch speak English very fluently.	オランダ人は英語をとても流暢に話す。
193	I like the Netherlands national football team.	私はサッカーのオランダ代表が好きだ。

194	I like dogs.	私は犬が好きだ。
195	I made friends with his coworker yesterday.	私は昨日彼の同僚と仲良くなった。
196	He shook hands with me when he got to the airport.	彼は空港に着いて、私と握手をした。
197	We are going to change trains at Shinjuku Station.	私たちは新宿駅で乗り換える予定です。
198	In Japan, it is normal to exchange business cards at a first meeting.	日本では初対面で名刺を交換するのが普通だ。
199	I caught three fish yesterday.	私は昨日3匹魚を釣った。

PART 12　代名詞をHackする!

200	My father works in Sapporo.	私の父は札幌で働いている。
201	It's about four thirty.	大体4時半くらいだ。
202	It was very cold this morning.	今朝はとても寒かった。
203	It's five miles from here to New York.	ここからニューヨークまで5マイルある。
204	I enjoyed myself last night.	昨日の夜は楽しかった。
205	I awoke(woke up) to find myself lying on a bench.	目覚めて気付いたら、ベンチで横になっていた。

PART 13　形容詞・副詞をHackする!

206	I had few options.	私にはほとんど選択肢がなかった。
207	There are a few apples in the basket.	かごにリンゴが少しあります。
208	Very few people live in this town now.	この町に住んでいる人は今ごくわずかしかいない。
209	Quite a few people are gathered in front of the gate.	かなり多くの人が、入口の前に集まっている。
210	I hired only a few people this year.	今年はごくわずかの人しか採用しなかった。
211	I did not study hard when I was a student.	私は学生時代熱心に勉強しなかった。
212	I could hardly sleep last night.	私は昨晩ほとんど眠れなかった。
213	Don't wake up the sleeping baby.	眠っている赤ん坊を起こしてはいけない。

214	My son is asleep on the couch.	私の息子が、ソファで眠っている。
215	Smoking on duty is prohibited.	勤務中の喫煙は禁止されている。
216	I was on duty when you called me.	あなたから電話をもらったとき、私は勤務中だった。
217	I always drink a cup of coffee in the morning.	私はいつも午前中にコーヒーを一杯飲む。

PART 14　前置詞をHackする！

218	It's ten to five.	4時50分だ。
219	To my surprise, I had a lot in common with the woman.	驚いたことに、私はその女性とたくさんの共通点があった。
220	I got angry with him.	私は彼に対して腹を立てた。
221	I want a house with a large garden.	大きな庭付きの家が欲しい。
222	You should wash your hands with soap.	石鹸を使って手を洗うべきだ。
223	Our company starts at nine.	私たちの会社は9時から始まる。
224	The shop is open from nine.	そのお店は、9時からあいている。
225	I am at Tokyo Station now.	私は今東京駅にいます。
226	The meeting is going to be held on August 21st.	会議は8月21日に開かれる予定です。
227	Much of the movie is based on fact.	その映画の大部分は事実に基づいている。
228	He didn't lose the key on purpose.	彼はわざとカギをなくしたわけではない。
229	I took a train to Osaka.	私は電車に乗って大阪に行った。
230	I took a train for Osaka.	私は大阪行きの電車に乗った。
231	This is the Nozomi superexpress bound for Osaka.	こののぞみ新幹線は、大阪行きです。
232	Are you for or against this proposal?	この提案に賛成ですか、反対ですか。
233	You're asking for it.	自業自得だ。
234	I'll be back in ten minutes.	10分後に戻るよ。
235	You look nice in red.	赤い服が似合いますね。

236	I am in good health.	私は元気です。
237	I fell in love with my girlfriend at our school.	私は学校でガールフレンドに恋をした。
238	Let's talk over a cup of coffee.	コーヒーを飲みながら話しましょう。
239	There is a nice bridge over the river.	その川に素敵な橋が架かっている。
240	My house is just beyond that road.	私の家はあの道路のすぐ向こうにある。
241	The city is nice beyond description.	その都市は、説明できないほど素敵だ。
242	My daughter got out from under the table.	私の娘がテーブルの下から出てきた。
243	Your proposal is now under discussion.	あなたの提案は現在議論の最中だ。

PART 15 否定・疑問をHackする！

244	I cannot listen to that song without remembering those days.	私はその歌を聞くと、必ず当時を思い出す。
245	Never fail to carry your valuables with you.	貴重品は必ず携帯していなさい。
246	My life is far from perfect.	私の人生は決して完璧ではない。
247	He was anything but happy to see her.	彼は彼女と会っても決して幸せではなかった。
248	He is by no means an inexperienced teacher.	彼は決して未熟な教師ではない。
249	She would be the last person to believe that.	彼女はそんなことを決して信じないだろう。
250	I have yet to read the book.	私はまだその本を読んでいない。
251	Much homework remains to be done.	多くの宿題がまだ終わっていない。
252	This town is free from air pollution.	この街には大気汚染がない。
253	What in the world was that?	あれは一体何だったんだ？
254	What on earth are you saying?	あなたは一体何を言っているんだ？
255	What the hell was that?	あれは一体何だったんだ？

Epilogue

　本書を最後まで読み終えてくださり、本当にありがとうございました。

　本書は、英語が得意な方から、少し苦手意識がある方まで、幅広く楽しめるように随所に工夫を凝らしました。

　難解な説明を嚙み砕いて、平易な言葉で書き記し、簡潔にまとめました。身近な具体例や例文を駆使することで、幅広い学習者層に配慮しました。

　英文法は、話す、書く、読む、聞くの根底を支える大切な力になります。一方で、英文法だけでは、机上の空論となってしまいます。話す、書く、読む、聞くと英文法をつなげることで、初めて真に意義を持つものになります。本書でつかんだ英文法の力を、ぜひ話す、書く、読む、聞くといった実際の英語の運用に役立ててください。

　いくつになっても学びは身を助け、自らを成長させてくれます。本書が、皆さんの成長に少しでもお力になれたら、本当に嬉しい限りです。

　最後に、本書の企画・編集を担当してくださったKADOKAWAの丸岡希実子様、本書の素敵なデザインを施してくださった細山田デザイン事務所様、本書の校正を念入りにしてくださった方々、最後までお付き合いいただいた読者の皆様に、心より御礼申し上げます。

肘井 学 (ヒジイ ガク)

スマートフォンで音声を聴く場合

abceed アプリ（無料）

Android・iPhone 対応

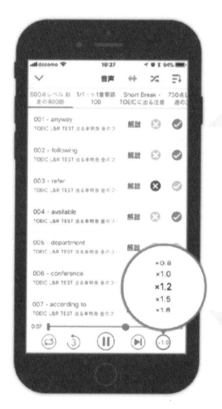

スマートフォン
で簡単に
再生できます

再生スピードを
変えることが
できます

* ご使用の際は、スマートフォンにダウンロードしてください

* abceed 内には本書の有料アプリ版もあります

* abceed premium は有料 です

　使い方は、www.globeejapan.com でご確認ください

https://www.globeejapan.com/

肘井 学（ひじい がく）

　慶應義塾大学文学部英米文学専攻卒業。全国のさまざまな予備校をへて、リクルートが主催するネット講義サービス「スタディサプリ」の教壇に立ち、高校生、受験生から英語を学びなおす社会人まで、圧倒的な満足度を誇る。「スタディサプリ」で公開される「英文読解」の講座は、年間25万人の生徒が受講する超人気講座となっている。

　主な著書に『大学入試　肘井学の　読解のための英文法が面白いほどわかる本』『大学入試　肘井学の　ゼロから英語長文が面白いほどわかる本　音声ダウンロード付』『大学入試　肘井学の　ゼロから英文法が面白いほどわかる本　音声ダウンロード付』『語源とマンガで英単語が面白いほど覚えられる本』『大学入試　肘井学の　作文のための英文法が面白いほどわかる本　音声ダウンロード付き』（以上、KADOKAWA）、『高校の英文法が1冊でしっかりわかる本』『高校の英文読解が1冊でしっかりわかる本』『大学入試　レベル別英語長文問題ソリューション』シリーズ（以上、かんき出版）、『大学入試　すぐわかる英文法』（教学社）などがある。

STAFF

デザイン	細山田デザイン事務所（細山田光宣＋南 彩乃）
校正	鷗来堂
英文校閲	David Chester
音声収録	英語教育協議会ELEC
音声出演	Jennifer Okano・水月優希
図版	佐藤百合子

話すための英文法ハック100

2021年7月16日　初版発行
2024年8月30日　3版発行

著者	肘井 学
発行者	山下 直久
発行	株式会社KADOKAWA
	〒102-8177　東京都千代田区富士見2-13-3
	電話 0570-002-301(ナビダイヤル)
印刷所	大日本印刷株式会社